NHK
プロフェッショナル
仕事の流儀

1

革新をもとめるプロフェッショナル

編：NHK「プロフェッショナル」制作班

NHK プロフェッショナル 仕事の流儀 1

革新をもとめるプロフェッショナル

目次

はじめに 4

一徹《いってつ》に直す、兄弟の工場
自動車整備士《せいびし》 小山《こやま》明《あきら》・博久《ひろひさ》 5

一期一会《いちごいちえ》、人生を運ぶ
引《ひ》っ越《こ》し作業員 伊藤《いとう》秀男《ひでお》 45

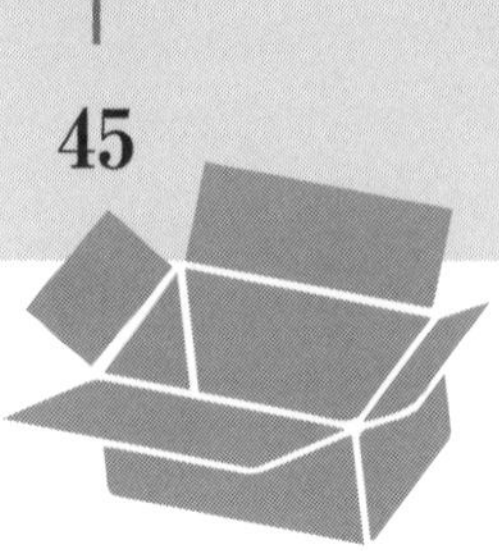

心をこめて、あたり前の日常《にちじょう》を…
ビル清掃《せいそう》　新津春子《にいつはるこ》　81

誇《ほこ》りをかけて、思い出を洗《あら》う
クリーニング師《し》　古田武《ふるたたけし》　115

作るのは、ともに歩む足
義肢装具士《ぎしそうぐし》　臼井二美男《うすいふみお》　153

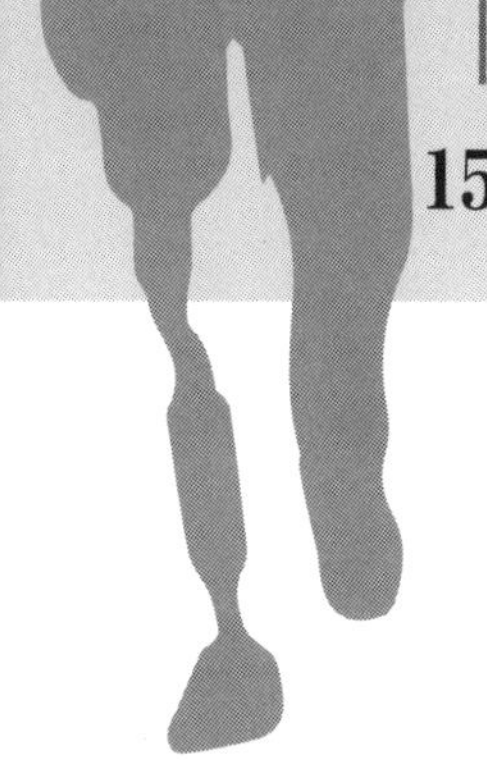

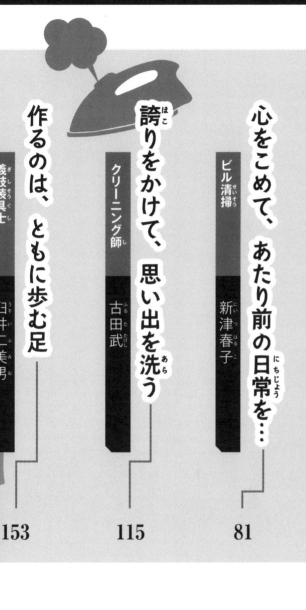

はじめに

このシリーズは、NHKで放送された番組『プロフェッショナル 仕事の流儀《りゅうぎ》』を書籍《しょせき》にまとめなおしたものです。

番組では、さまざまな分野の第一線で活躍《かつやく》しているその道のプロフェッショナルたちの「仕事」をほり下げ、プロフェッショナルたちの仕事にのぞむ姿勢《しせい》や、その生き方をつらぬく「流儀《りゅうぎ》」を紹介《しょうかい》しています。

1巻《かん》「革新《かくしん》をもとめるプロフェッショナル」では、自分の仕事に徹底的《てっていてき》に向き合い、その仕事に新しい息吹《いぶき》を吹《ふ》きこんだ6人のプロフェッショナルたちが登場します。

プロフェッショナルたちの仕事にのぞむ姿勢《しせい》や考え方をとおして、仕事の奥深《おくぶか》さ、働くということの魅力《みりょく》、プロフェッショナルたちの生き方の流儀《りゅうぎ》を伝えられればと思います。

ストーリーの最後には、プロフェッショナルたちの格言《かくげん》をのせています。プロフェッショナルたちのことばが、これからを生きるみなさんの道しるべになることを願います。

「革新《かくしん》をもとめるプロフェッショナル」編集部《へんしゅうぶ》

一《いっ》徹《てつ》に直す、兄弟の工場

自動車整《せい》備《び》士《し》
小《こ》山《やま》明《あきら》・博久《ひろひさ》

©小山自動車

ここにもってきたらどんな車でも新車の状態《じょうたい》にもどる。
そううわさされる工場がある。
「こうじょう」ではなく、町の小さな「こうば」だ。
油まみれのゴッドハンドをもつのは、60歳《さい》をとうにこえた兄と弟。
スクラップ寸前《すんぜん》のポンコツも、高級スポーツカーも
ふたりにとっては同じ車。
心をこめ、力をつくして整備《せいび》するだけだ。
工場をはじめて半世紀、いいことばかりじゃなかった。
乗りこえられたのは、ふたりいっしょだったから。
今日もまた、運びこまれた瀕死《ひんし》の1台。
持ち主は、けがで一度は運転をあきらめかけた。
彼《かれ》の生きがいを、兄弟はよみがえらせることができるのか――。

✴神の手をもつ兄弟

広島県《ひろしま》福山《ふくやま》市に、兄弟が営《いとな》む小さな自動車工場があります。朝7時半、

「はっちゃん、よう番しよれよ」

と、2階の自宅《じたく》からあらわれて愛犬の頭をなでたのは、兄の小山明《こやまあきら》さんです。

1階の工場へおりると、明《あきら》さんは掃除《そうじ》をはじめました。工場をすみずみまではくと、壁《かべ》をふき、毎日つかうリフトから、年に一度しかつかわない機械まで丹念《たんねん》にみがき上げます。もう半世紀毎朝続けている日課です。

「工場がものすごうきたのうてから、『うちはええ整備《せいび》します』て言うて、お客さんどう思うか?」

そう思いながら、明《あきら》さんは黙々《もくもく》と掃除《そうじ》を続けています。

そうして1時間ほどたったとき、もうひとりの整備士《せいびし》、弟の小山博久《こやまひろひさ》さんがやってきました。

博久《ひろひさ》さんの自宅《じたく》から工場までは自転車で10分。自転車のかごには、こちらも愛犬

を連れていました。

「ナナ、まだおりたらダメよ。よしっ！」

愛犬のナナにパンをやり、自分は缶《かん》コーヒーをあけました。

「太っちゃいけんけ、微糖《びとう》じゃ。ブラックは、まだおとなになってないから」

と、笑いながらナナの体をなでています。

明《あきら》さんと博久《ひろひさ》さんは8歳《さい》ちがい。兄の明《あきら》さんは72歳《さい》で、むだ口ひとつたたかない性格《せいかく》です。弟の博久《ひろひさ》さんは64歳《さい》。気さくな人がらでおしゃべり好き。実はこの兄弟、日本中にその名をとどろかせているのです。

「えらいボロもってきましたねぇ」

この日工場に、半世紀以上前につくられた年代ものの小型車が運びこまれました。博久《ひろひさ》さんは冗談《じょうだん》を言いながら、キャリアカーからおろされる車を、うれしそうに見つめています。

さっそくエンジンルームをあけると、

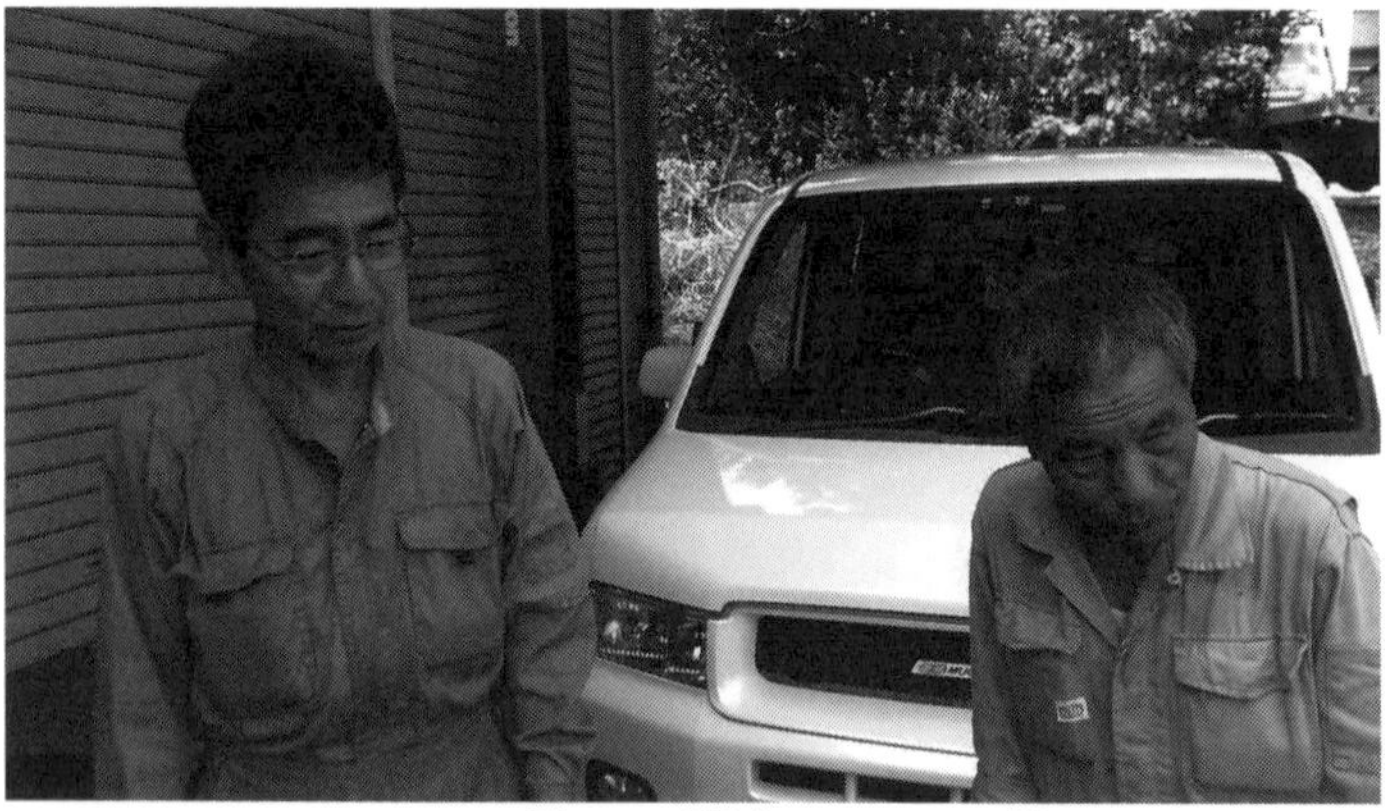

ボロボロの車をうれしそうに眺《なが》める、博久《ひろひさ》さん（左）と明《あきら》さん（右）。

「ありゃー」

中はボロボロ。ほかの工場なら、さじを投げるレベルのひどい状態《じょうたい》です。

「この車、ライトが上がるんかいな？」

つなぎのポケットに手をつっこみ、車に近づいてきた明《あきら》さんもなぜか笑顔です。むずかしい依頼《いらい》ほど、兄弟はうれしくてたまらないのです。

故障車《こしょうしゃ》の整備《せいび》は博久《ひろひさ》さんの担当《たんとう》。エンジンの具合をチェックしながら、力強くつぶやきました。

「ちゃんと直る。だいじょうぶ！」

そのことばどおり、修理《しゅうり》をはじめて3日後、博久《ひろひさ》さんがキーを回すと、エンジンがいい音でかかりました。

──プップ、プー
整備担当《せいびたんとう》の明《あきら》さんも、運転席でクラクションを鳴らします。

「意外とええな、この車。捨《す》ててあったにもかかわらず」

まったく動かずスクラップ寸前《すんぜん》だった車が、ふたりの手で息を吹《ふ》き返したのです。

ふつう、自動車は10万キロ走ったら買いかえといわれますが、ふたりは、35万キロ走っている車でも直してしまう常識破《じょうしきやぶ》りの腕《うで》をもっています。

車の種類は問いません。エンジンがかからない往年《おうねん》の名車、コンピューター制御《せいぎょ》の最新の外国車、軽自動車もダンプカーも、小山《こやま》兄弟はどんな車でも次々《つぎつぎ》によみがえらせてしまいます。

「ここへもってきたら、どんな車でも新車の状態《じょうたい》にもどる」

そんなうわさを聞きつけ、殺到《さっとう》する依頼《いらい》は月に150件《けん》。その中には、ディーラー(自動車会社の販売店《はんばいてん》)が「修理《しゅうり》は無理だ」と音《ね》を上げた車も少なくありません。

「『これはもうできん』とは言いとうないき」と明《あきら》さん。

「じいさんじゃと思ったら、大まちがいですわ」と博久《ひろひさ》さん。

そう言って笑うふたりの工場に、またもやむずかしい車の依頼《いらい》がありました。

その車は、平成《へいせい》14年につくられた国産車。エンジンのかかりに異状《いじょう》があるといいます。

博久《ひろひさ》さんは、さっそくエンジンをかけてみました。

「アイドリングが続かない。これは危《あぶ》ない」

自動車は、一度エンジンをかけると、アクセルをふまなくてもエンジンは動いたままで止まりません。それがアイドリング。赤信号で停止したときのような状態《じょうたい》です。でもその車は、アイドリングが安定していませんでした。

車の持ち主は、原因《げんいん》に心当たりがないと言います。このままでは、何かの拍子《ひょうし》に暴走《ぼうそう》して事故《じこ》につながりかねません。博久《ひろひさ》さんは、ライトをもってエンジンをのぞきこみました。

「ホースがどっか……外れてる？」

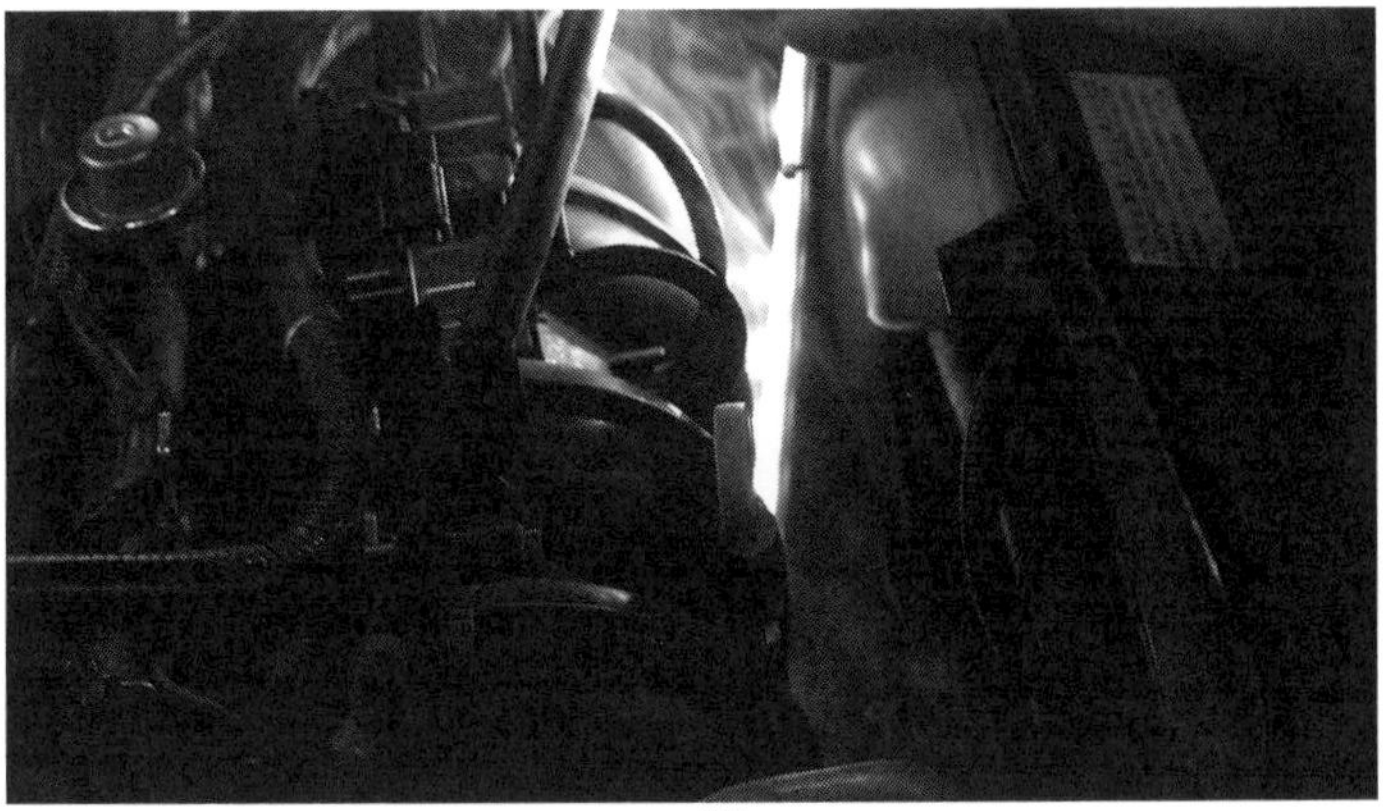

予想どおり、エンジン内部のホースから煙《けむり》がでてきた。

エンジンまわりのホースが、どこかで外れているると読んだのです。

「よし、あれしよう!」

そう言うと博久《ひろひさ》さんは、何やら機械をもってきました。それは煙《けむり》を発生させる機械。自動車整備《せいび》工場ではあまり見かけないものです。これをエンジンまわりのホースにつないで煙《けむり》を送りこめば、煙《けむり》のもれた部分がホースの外れた箇所《かしょ》だとわかるのです。

「おお、もれよる、もれよる」

思ったとおり、ホースのどこからか煙《けむり》がもれています。

「どこだ? どこだ?」

車の上から下から、博久《ひろひさ》さんは10分も探《さが》し

ていましたが、ついに
「外れとる、外れとる。外れとるのがわかった！」

奥《おく》まった場所に、ホースの外れたところを発見しました。すぐにホースをつけ直し、ワイヤーで固定。これでエンジンは正常《せいじょう》にかかります。

ところが、博久《ひろひさ》さんは仕事を終える気配がありません。

「う〜ん。いやだなぁ」

と顔をしかめています。ふつうの故障整備《こしょうせいび》ならここで作業は終了《しゅうりょう》ですが、博久《ひろひさ》さんは、自分の仕事をこう考えているのです。

ただ「直す」だけなら、
それは「整備《せいび》」とはいわない

「なんでホースがぬけるんかな、ほんまに……」

博久《ひろひさ》さんは、故障《こしょう》の根本原因《げんいん》をつき止めたいと思っていました。しばらくあれこれチェックをし、やがてエンジン内にある点火プラグをとりだしました。7センチ

左側のわずかに黒くなったプラグで、漏電《ろうでん》を見つけた。

ほどの部品で、一部がわずかに黒くなっています。
「ありゃ。あららら。やったー！」
黒い変色は、漏電《ろうでん》の跡《あと》。プラグが故障《こしょう》したことを意味していました。点火プラグは、火花を飛ばしてガソリンが気化したガスを燃《も》やす大切なパーツ。これが故障《こしょう》すると、ガスが燃《も》えないままエンジンの外にでてしまいます。そのガスに引火して爆発《ばくはつ》がおこり、その衝撃《しょうげき》でホースが外れていたのです。

つまり、エンジンのかかりに異状《いじょう》があった本当の原因《げんいん》は、ホースが外れたからではなく、プラグの故障《こしょう》だったのです。

博久《ひろひさ》さんは、新しいプラグにとりかえると、車のエンジンをかけました。

「いい音、いまのはいい音」

これで同じトラブルはもうおきないはず。整備《せいび》がようやく終わりました。

「身近にあるもので、車はいちばん危険《きけん》なものじゃないかな。そういうものを直させてもらいよるんで、いい加減《かげん》なことはできない。とにかく安全には力を入れて、心配で心配でしょうがないぐらい直したい」

博久《ひろひさ》さんは、いつもそう思って、仕事に向き合っているのです。

その姿勢《しせい》は、車検整備《しゃけんせいび》担当《たんとう》の兄、明《あきら》さんも同じです。

今日も1台の車が、車検《しゃけん》のために預《あず》けられました。「車検《しゃけん》」は、車が定期的に受けなければいけない検査《けんさ》のこと。国の法律《ほうりつ》で決められていて、これに合格《ごうかく》しないと、その車は公道を走ることができません。明《あきら》さんは、車の持ち主から依頼《いらい》を受け、その検査《けんさ》をおこなっているのです。

車を点検《てんけん》する前、明《あきら》さんはまず洗車《せんしゃ》をおこないます。高圧洗浄機《こうあつせんじょうき》で水を吹《ふ》きつけ、自らもびしょぬれになりながら、すみずみまで車を洗《あら》っていきます。本来、車検《しゃけん》に洗車《せんしゃ》は不要ですが、明《あきら》さんは、よごれを落としてか

車検整備《しゃけんせいび》をする前、車をていねいに水洗《みずあら》いする明《あきら》さん。

らこわれたパーツを探《さぐ》るのです。

「パッドがいけんね。よしっ」

ブレーキパッドという部品を交換《こうかん》すると言いました。

ブレーキをふむと、車が減速《げんそく》したり止まったりするのは、ブレーキパッドがタイヤにつながるブレーキディスクというパーツにおしつけられるからです。

ブレーキパッドは摩擦《まさつ》によってけずられていくので、点検《てんけん》して厚《あつ》みがへっていたら、交《こう》換《かん》しなければいけません。

明《あきら》さんは、パッドの厚《あつ》さを計りました。

「3ミリか……」

3ミリの厚《あつ》さがあれば車検《しゃけん》には合格《ごうかく》します。

ハンドルにコップをおき、振動《しんどう》のチェック。

「でも、次の車検《しゃけん》までの2年間に、途中《とちゅう》でかえないといけんようになる」

明《あきら》さんは、いまかえたほうがいいと判断《はんだん》しました。さらに、試乗したその車に気になる点を見つけました。

「振動が……」

ハンドルをとおして、手に細かい振動《しんどう》が伝わります。

工場にもどり、ためしに水の入ったコップをハンドルにおいてみると、確《たし》かに小きざみに水面がゆれます。車検《しゃけん》には問題ありませんが、車の振動《しんどう》は乗り心地を悪くします。明《あきら》さんは、車体にエンジンを固定して車の振動《しんどう》をやわらげる部品を、交換《こうかん》することにしました。

「4つ全部かえりゃあええんじゃが、そりゃやっぱりお金がかかる」

明《あきら》さんは、もともと4つある部品のうち、経験《けいけん》上いちばん劣化《れっか》すると知っている部品ひとつだけを交換《こうかん》することにしました。これで、整備《せいび》費用もおさえることができます。

「グー！　ものすごうようなった！」

ハンドルにおいたコップの水は、もうゆれませんでした。

✴真剣《しんけん》だから、不満足になる

9月下旬《げじゅん》、博久《ひろひさ》さんは、ひときわむずかしい整備《せいび》にとりかかっていました。

37年前に製造《せいぞう》された有名なスポーツカー。この車に乗るのが長年の夢《ゆめ》で、6年前に購入《こうにゅう》したという男性《だんせい》が、「最近エンジンの調子が悪い」と心配して、託《たく》したものでした。

博久《ひろひさ》さんは、2日かけて不調の原因《げんいん》を探《さが》しだし、部品を交換《こうかん》し終えました。でも、運転席でエンジンをかけ、アクセルをふみこんでは、しきりにその音を気にしています。

「音が悪い。これは耳に心地よくない」

この車の人気のひとつは、エンジンの安定した音です。でもいまは、つまった感じの不安定な音がすると言います。

博久《ひろひさ》さんは、エンジンの吸気《きゅうき》など、さまざまな部分をチェックしました。そして、「どうしようかなぁ」と、いすに座《すわ》っておでこに手を当ててしまいました。

この車のエンジンは8気筒《きとう》。「気筒《きとう》」とは、エンジンの中にある金属製《きんぞくせい》の筒《つつ》で、その中でおきる爆発《ばくはつ》のエネルギーによって車は動きます。この車にはその気筒《きとう》が8つ備《そな》わり、8か所の気筒《きとう》の中でそれぞれ爆発《ばくはつ》がおき、それが独特《どくとく》なエンジン音となっていました。

その音を左右するのは、気筒《きとう》の中に空気とガソリンをまぜて送りこむ「キャブレター」という装置《そうち》です。空気とガソリンの配合はきわめて繊細《せんさい》で、うまく調整できていないと、エンジン音が不安定なひびきとなってあらわれます。

ネジを回して調整をする博久《ひろひさ》さん。

「8個《こ》のうち、1個《こ》か2個《こ》が、同じように爆《ばく》発《はっ》していないんだな……」

ときおり「ボスッ」と不安定な音がまざるのは、そのバランスの悪さだと博久《ひろひさ》さんはにらんでいました。

博久《ひろひさ》さんは、エンジンをかけたまま、キャブレターの働きを調整するネジにドライバーを当て、少し回しました。

「ちがうなぁ〜」

エンジン音に納得《なっとく》がいきません。もう少しネジを回します。

いま、こうした調整ができる自動車整備士《じどうしゃせいびし》はほとんどいないといわれています。最近の車はコンピューター制御《せいぎょ》。エンジンへ燃料《ねんりょう》を

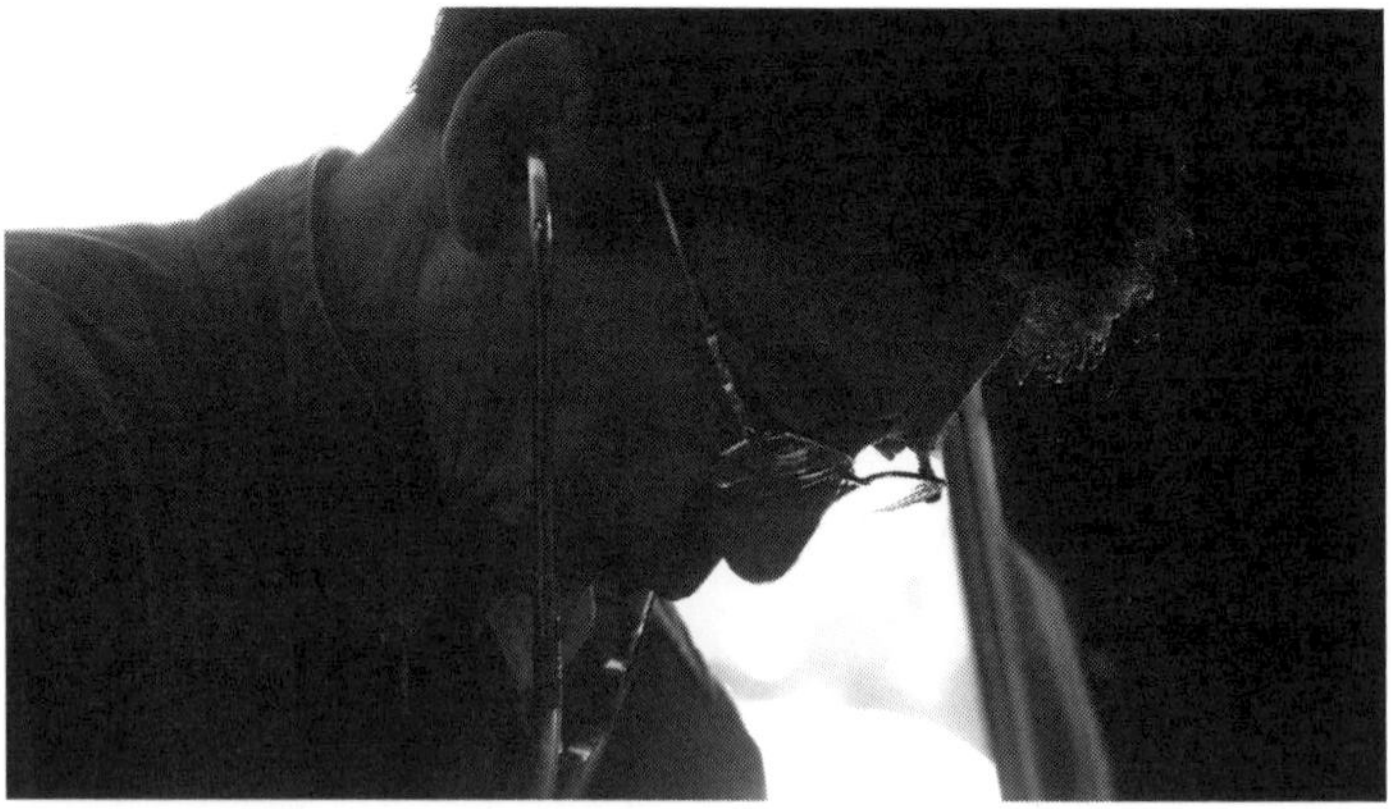

エンジン音を聞き、ひたすら調整を続ける。

送るのも、キャブレターではなく「インジェクション」とよばれる電子燃料《ねんりょう》噴射《ふんしゃ》装置《そうち》がコントロールしているので、このネジがないのです。

「また、おかしいなぁ」

博久《ひろひさ》さんは、エンジン音を聞きながら、8気筒《きとう》分のネジを調整し続けました。

「なかなかうまいこといかん。最初よりだいぶ音はましになったけど」

そう言いますが、そのちがいはしろうとにはまったくわからないレベルです。

挑《いど》みはじめて3日目。博久《ひろひさ》さんはその車を走らせてみました。

ふつうに乗るには、悪くありません。でも、この車はスピードがでます。高速のときにはどうなるか。音の問題は、だいじな乗り心地に関わります。

（こんなんじゃだめだ。このままおさめるのは自動車整備士《せいびし》としてちょっとはずかしい。もうちょっと、もうちょっとがんばろう）

自動車整備《せいび》のプロとして、博久《ひろひさ》さんはひとつの信念を心にきざんできました。

客が気づかないことにも気づき追求し続けてこそ、プロ

「こういう車に乗っている人は、ここらへんが大切なんだろうなぁ」

博久《ひろひさ》さんは、車のオーナーの好みや、こうして欲《ほ》しいだろうという思いをつねに考えて整備《せいび》をしています。そうすることでお客さんに喜んでもらえるからです。博《ひろ》久《ひさ》さんはお客さんが喜んでくれるのがいちばんうれしいと言います。

その後もミリ単位でネジを調整し、なんどもなんどもエンジン音を確《たし》かめました。

翌週《よくしゅう》、車の持ち主がやってきました。

試乗して工場にもどってきた男性《だんせい》は、車からおりると博久《ひろひさ》さんにこう言いました。

「いいです！　ありがとうございます！」

「よろしいですか？」

「音と走りとそういったものをふくめて楽しめる車なので、そこらへんもしっかり調整していただいて……。ありがとうございました」

ところが、客の帰ったあと、博久《ひろひさ》さんはどこか浮《う》かない顔です。

「お客さんは満足されたけど、まだちょっと気に入らん。こんどきたときに、ちょっとずつ調整したらもっとよくなる」

真剣《しんけん》であればあるほど、不満足になる――それが、小山《こやま》兄弟の毎日なのです。

✷ふたりだからがんばれた

小山《こやま》兄弟の工場には、その腕《うで》の秘密《ひみつ》を探《さぐ》りに、同業者が引きも切らず見学に訪《おとず》れます。今日は、その見学会です。

「これ、何すんの？」

「これは、煙《けむり》をこしらえてエンジンの中に入れてみる。そしたら、もれよるところがわかる」

「これはスキャンツール。輸入車専門《ゆにゅうしゃせんもん》につかう機械ですわ。コンピューター制御《せいぎょ》の車につないで故障《こしょう》を発見するんです。ざっと20台くらいあります。車種によって得手不得手があるけ。これだったらラテン車は見れる、アメ車はいけんとかね」

明《あきら》さんが説明します。だれもが一様におどろくのは、整備《せいび》につかう道具の豊富《ほうふ》さ。

「わたしも自動車屋しよるけどね、見たことない機械や道具がけっこうあります。すごいっすね」

ふたりはかぎられたもうけの中から、最大限《さいだいげん》道具にお金をつかっています。車や整備《せいび》に関する最新情報《じょうほう》をつかむのは、兄の明《あきら》さんの役割《やくわり》。

「届《とど》いた、大好きな本！」

まちきれず袋《ふくろ》を破《やぶ》いてとりだしたのは、自動車整備《せいび》の専門雑誌《せんもんざっし》です。月に13冊《さつ》もの専門誌《せんもんし》を買い、すみずみまで熟読《じゅくどく》しているのです。

雑誌《ざっし》で最新の情報《じょうほう》を確認《かくにん》する明《あきら》さん。

「ん？　おっ。バッテリー・テスターやね。新しいやつ」

　ページを開くやいなや、食い入るように読みはじめました。

　明《あきら》さんは、兄弟コンビのいわばブレーン役。

「最新の道具を何も知らなんだら、お客さんに迷惑《めいわく》かかる。お客さんのほうがインターネットでよう勉強しとったら、いけん。お客さんの上に立っておかな」

　そう言って、自動車メーカーなどの展示会《てんじかい》にも足しげくかよい、仕事に役立ちそうな道具を見つけだします。

　そうして買った道具をつかいこなすのは、もっぱら博久《ひろひさ》さん。ふたりは、仕事場で話をしたり、共同作業をしたりすることはほとんどありませんが、いつも役割《やくわり》を分担《ぶんたん》し、ささえ合っているのです。

小山《こやま》兄弟の工場は、昭和《しょうわ》34年、ディーラーにつとめていたお父さんが独立《どくりつ》し、はじめました。

兄の明《あきら》さんは、高校を卒業するとすぐに工場で働きはじめました。その頃《ころ》、8歳《さい》年下の博久《ひろひさ》さんはまだ子ども。兄はたよりがいがあり、おもちゃも買ってくれる優《やさ》しく大きな存在《そんざい》でした。

10年後。兄を追うように工場に加わった博久《ひろひさ》さんは、兄の働く姿《すがた》におどろきます。当時のおもな仕事は、青果市場や運送会社のトラックなど、会社や団体《だんたい》などが所有する車の整備《せいび》。明《あきら》さんは注文にこたえるために、休日もなく、早朝から深夜まで仕事に追われていました。しかも取引先の担当者《たんとうしゃ》から無理な値引《ねび》きをせまられ、神《しん》経《けい》をすりへらしていたのです。

経験《けいけん》不足の博久《ひろひさ》さんには、明《あきら》さんを助けることができません。故障車《こしょうしゃ》の整備《せいび》にも時間がかかり、客に心配されることすらありました。しかし、明《あきら》さんはそんな弟をけっしてしかりませんでした。じっくり仕事をさせてくれる兄に、博久《ひろひさ》さんは感謝《かんしゃ》の気持ちでいっぱいでした。

転機が訪《おとず》れたのは父の引退《いんたい》後です。明《あきら》さんは大きな決断《けつだん》をしました。

「これからは個人《こじん》の車の整備《せいび》だけやっていく」

仕事の評価《ひょうか》に関係のないことで、取引先にごまをするようなことは、もうやめたかったのです。

「大口の取引先がなくなった穴《あな》は、うめられるんか？」

博久《ひろひさ》さんはそう思いましたが、反対しませんでした。兄の思うようにさせてあげたかったのです。

案の定、工場の経営《けいえい》は苦しくなりました。売上げが落ちこみ、3人いた従業員《じゅうぎょういん》はゼロに。博久《ひろひさ》さんは「なんとかしてあんちゃんの力になりたい」と、あることを思いつきます。当時流行していたアマチュアのモータースポーツ競技《きょうぎ》。そこでつかわれるスポーツカーの整備《せいび》でした。スポーツカーには、性能《せいのう》を上げたり改造《かいぞう》したり、故障車《こしょうしゃ》の整備《せいび》以上に高い技術《ぎじゅつ》が求められます。

ふたりは1件《けん》でも多く手がけようと、必死になって客のきびしい要望にこたえ続けました。

すると、思わぬ変化がおきました。

スポーツカーも手がける腕利《うでき》きがいると評判《ひょうばん》が広まり、遠方からも次々《つぎつぎ》と依頼《いらい》がまいこみはじめたのです。

ところがその直後、明《あきら》さんがぜんそくでたおれてしまいます。長年の無理がたたったのか、工場にでてこられない日が続きました。

「競技《きょうぎ》でいい成績《せいせき》をだせば、あんちゃんも喜ぶ！」

博久《ひろひさ》さんはそう胸《むね》に誓《ちか》い、ひとりで懸命《けんめい》に働きました。

そうして1年後、博久《ひろひさ》さんの手がけた車が、全日本選手権《せんしゅけん》で1位から4位までを独占《どくせん》したのです。博久《ひろひさ》さんは真っ先に明《あきら》さんに電話をしました。すると明《あきら》さんはこう言いました。

「そうか、よかったな」

スポーツカーの整備《せいび》をしていた頃《ころ》の博久《ひろひさ》さん（写真中央）。

それはいつものようにそっけない返事でしたが、本当の胸《むね》の内はちがったのです。

（あのかわいかった弟が、いまや工場をささえる大黒柱になった……）

電話を切ると、明《あきら》さんは大声でばんざいをしたのです。

ふたりはいまでも、苦労した頃《ころ》のことをわすれません。おたがい面と向かっては言いませんが、こう思っています。

「そりゃあもう感謝《かんしゃ》してる。弟にまかせときゃ、全部してくれる」

「ふたりのうちどっちか欠けたら仕事はできない」

✴「直す」の先へ

10月上旬《じょうじゅん》、博久《ひろひさ》さんは、ある人のもとを訪《たず》ねていました。10年来のつきあいがある、システムエンジニアの藤井剛《ふじいつよし》さんです。

藤井《ふじい》さんが修理《しゅうり》を依頼《いらい》したのは、8年前に中古で買った軽自動車でした。エンジンがかからなくなってしまったのです。

「しゃらしゃらっとは、直らんね。あたりまえか」

博久《ひろひさ》さんはおどけて藤井《ふじい》さんを笑わせ、エンジンルームをあけました。

「雨が入るんですねぇ。ここらへんもさびてしまってる。よし、もって帰ろ」

「お願いします」

藤井《ふじい》さんは、愛車がキャリアカーで運ばれていくのを見送りました。

車は、藤井《ふじい》さんの生きがいです。藤井《ふじい》さんは脳性《のうせい》小児麻痺《まひ》で、足に障《しょう》がいがあります。運転が趣味《しゅみ》で、運転技術《ぎじゅつ》を競う自動車競技《きょうぎ》に参加するのが何よりの楽しみなのです。この軽自動車も競技用《きょうぎよう》に買ったものでした。

ところが、5月に階段《かいだん》で転んで首を骨折《こっせつ》する重傷《じゅうしょう》を負い、4か月の入院。その間、車を野ざらしにせざるをえませんでした。

明《あきら》さんと博久《ひろひさ》さんは、藤井《ふじい》さんのためにできるだけのことをしたいと思っていました。今回は故障整備《こしょうせいび》と点検整備《てんけんせいび》の両方をかねているので、兄弟はふたりがかりでおこないます。

まず明《あきら》さんが、4か月のよごれを丹念《たんねん》に落としました。

「藤井《ふじい》さん、車に乗れるようになって、ほんまにうれしかった。車があれば、リハビリがんばってしようか、いう気になるし」

一方の博久《ひろひさ》さんは、車の配線図を見ながら、エンジンがかからない原因《げんいん》を探《さぐ》っていました。キーを回し、電流をチェックします。

「0・87アンペアしかとおってない。ポンプがだめじゃ」

燃料《ねんりょう》ポンプをとりだしました

「うわぁ! すごいことになっとる!」

劣化《れっか》した燃料《ねんりょう》ポンプは、新しいものに交換《こうかん》するしかありません。

「燃料《ねんりょう》タンクはええんか？」

明《あきら》さんが声をかけます。

「燃料《ねんりょう》タンクもさびまくっとるな」

中をのぞいた博久《ひろひさ》さんがこたえます。

「コーティングすればええよな」

明《あきら》さんがアドバイスしました。

博久《ひろひさ》さんは兄の助言にしたがい、とり外した燃料《ねんりょう》タンクにクリーニング剤《ざい》を入れてひと晩《ばん》寝《ね》かし、きれいにしたところへさびを予防《よぼう》するコーティング剤《ざい》を入れて、回しかけました。

「こうすれば、全然ちがうな」

作業は順調に進みました。

藤井《ふじい》さんはいま、懸命《けんめい》にリハビリを続けています。首を骨折《こっせつ》した当初、もう車の運転ができなくなると落ちこんでいました。そんな藤井《ふじい》さんの病室へ、ひょっこり小山《こやま》兄弟が訪《おとず》れたのです。

「手は動くん？　足は動くん？」

博久《ひろひさ》さんが聞きました。

「こんだけしか動かないんですよ。医者も運転は絶対《ぜったい》無理だって……」

藤井《ふじい》さんがそう言って状態《じょうたい》を見せると、明《あきら》さんがこう言ったのです。

「そんだけ動けば十分じゃ。車は運転できるよ」

藤井《ふじい》さんは、そのことばにとても勇気づけられたと言います。


「エンジン、無事にかかりましたよー」

整備《せいび》をはじめて1週間、工場にやってきた藤井《ふじい》さんに博久《ひろひさ》さんは報告《ほうこく》しました。

「ありがとうございます！」

ほぼ半年ぶりの、愛車の運転です。

「ふつうに乗れるじゃないですか！」

助手席の博久《ひろひさ》さんが声をかけると、藤井《ふじい》さんはうれしくてたまらないという顔で、アクセルをふみこみます。

「いやいや、ゆっくり行ってください。うれしそうに行かずに。危《あぶ》ないですから」

ふたりとも、車内で大笑いです。

試乗は無事に終わり、藤井《ふじい》さんが帰って行きました。ところがそのあと、博久《ひろひさ》さんは「これからだ」と、また整備《せいび》をはじめたのです。

運転席に座《すわ》って外しはじめたのは、サイドブレーキ。運転席の脇《わき》にある、手でひくブレーキです。実は博久《ひろひさ》さん、試乗中に藤井《ふじい》さんの左手の動きが気になっていました。長期の入院で腕力《わんりょく》がやや落ちていた藤井《ふじい》さんは、サイドブレーキをひく力が弱くなっていたのです。

サイドブレーキは、ふつうは駐車時《ちゅうしゃ》につかうもので、走行中はつかいません。けれど、藤井《ふじい》さんの参加している自動車競技《きょうぎ》では、サイドブレーキを頻繁《ひんぱん》に操作《そうさ》します。これは競技《きょうぎ》のための車。そこで博久《ひろひさ》さんは、サイドブレーキを改造《かいぞう》しようと決めたのです。藤井《ふじい》さんの気づかないことも追求してこそプロ。その信念で、博久《ひろひさ》さんはサイドブレーキを改良しはじめました。

サイドブレーキの持ち手を調整する博久《ひろひさ》さん。

まずはにぎる場所を5センチのばします。

「こうすれば、てこの原理で少ない力でもひけるようになる」

さらに、溶接《ようせつ》で持ち手の先端《せんたん》を少し手前に曲げることにしました。

「角度をつけよう。にぎりやすくなるように」

いよいよ、サイドブレーキをとりつけます。先端《せんたん》を、助手席側にわずかに向け、より操作《そうさ》しやすくしました。

「ものすごく楽！」

思わず笑みがこぼれます。あとは明《あきら》さんの出番です。

「ミニサーキット走りよるけ、足回りやブレーキはとくにかちっと見ないと」

ネジのゆるみはないか、磨耗《まもう》した部品はないか入念に点検《てんけん》し、最後にもう一度、ていねいに車を洗《あら》いました。

「よっしゃ!」

納車《のうしゃ》の日。

藤井《ふじい》さんをまちきれなかった博久《ひろひさ》さん。わくわくした声で、こう言いました。

「ちょっとサイドブレーキ、ひいてみて」

藤井《ふじい》さんは、「なんだろう?」という顔です。でも、博久《ひろひさ》さんのことだからきっと何かいいことだろうとわかるのでしょう。思わず顔がにやけてしまいます。

「ちょっと変えたんですよ」

つかい心地も確《たし》かめようと、許可《きょか》をとり、自由に走ってよい場所で競技《きょうぎ》のときのように、サイドブレーキをつかってターンをしてみました。

「ここでドンとひく。ブーン!　いいですね!」

右へ左へターンする車の助手席で、博久《ひろひさ》さんは、運転する藤井《ふじい》さんのようすに、

「心をこめて整備《せいび》して、お客様に満足してもらいたい」

うれしさがこみ上げてきました。一度はあきらめかけた車の運転。それを藤井《ふじい》さんは、こんなにも楽しんでいます。

「だいぶひきやすくなりました。自然に手をのばしたところにサイドブレーキがあって、やりやすかった」

工場へもどった藤井《ふじい》さんに、明《あきら》さんも声をかけます。

「今度は楽でしょう？」

「藤井《ふじい》さんはまだまだ若《わか》いから、これからどんどん乗ってもらわにゃいけんのですよ」

博久《ひろひさ》さんもエールを送りました。

心地よいエンジン音をひびかせながら、藤井《ふじい》さんが帰っていきます。その車の後《うしろ》姿《すがた》を、明《あきら》さんと博久《ひろひさ》さんは見えなくなるまで見送りました。

プロフェッショナルとは

明《あきら》さん

あたりまえのことをあたりまえに。
どんだけ心をこめて、もうそれだけです。
特別に何かをしよるんじゃなしに、
それがあたりまえになっとる。

プロフェッショナルとは

博久《ひろひさ》さん

どんな種類でも、どんなボロでも、
どんな高級車でも、向き合う姿勢《しせい》は
真剣《しんけん》にはしたい、手をぬかない。
それにともなった仕事に対して、
お客様が満足してお金をはらって
もらえるのが、そうじゃないですかね。

第283回2015年12月7日放送

こんなところがプロフェッショナル！

心をこめた整備《せいび》で車をよみがえらせる小山《こやま》明《あきら》さんと博久《ひろひさ》さん。こんなところがすごいよ。

情報収集《じょうほうしゅうしゅう》を欠かさない

毎月13の専門誌《せんもんし》を買って熟読《じゅくどく》したり、自動車メーカーの展示会《てんじかい》に足を運んだりして、つねに新しい情報《じょうほう》を収集《しゅうしゅう》している明《あきら》さん。最新の道具の知識《ちしき》をもち、お客さんのために役立てたいと思っています。

けんかはほとんどしない

けんかはほとんどしないというふたり。点検《てんけん》・検査《けんさ》は明《あきら》さん、修理《しゅうり》は博久《ひろひさ》さんとそれぞれ得意分野がちがいます。おたがいに、相手の仕事を信頼《しんらい》し、尊敬《そんけい》しているからです。

全国から同業者が訪《おとず》れる

ボロボロの車でも、小《こ》山《やま》さんの工場にもってくると新車のようによみがえります。「ゴッド・ハンド（神の手）をもつ」といわれているふたりの元には、全国から同業者や車関係者が、整備《せいび》の勉強をしに訪《おとず》れます。

心をこめた整備《せいび》

毎月150件《けん》の整備依頼《せいびいらい》がくる小《こ》山《やま》さんの工場。整備《せいび》の技術《ぎじゅつ》だけでなく、お客さんの車への思いを受け止め、お客さんが喜んでくれるよう、心をこめておこなう整備《せいび》が、多くの依頼《いらい》につながっています。

プロフェッショナルの格言《かくげん》

自動車整備士《せいびし》、小山明《こやまあきら》さんと博久《ひろひさ》さんのことばを心にきざもう。

心配で心配でしょうがないくらいに直す

「車は身近にあるものでいちばん危険《きけん》なもの」と博久《ひろひさ》さん。それを直しているのだから、心配しすぎるくらい心配して修理《しゅうり》をしています。つねに「命を預《あず》かっている」という自覚をもって仕事をしているのです。

これはもうできんとは言いとうない

どんなにボロボロの車でも、「これはもう直らない」とは言いたくないと明《あきら》さんは言います。知識《ちしき》と技《わざ》と心で整備《せいび》をしています。

ふたりだから、がんばれた

どんなにつらく、大変なときも、兄弟で力をあわせてきたふたり。ひとりではくじけそうなときも、ふたりだからがんばれたと言います。おたがいに、かけがえのない存在《そんざい》なのです。

一《いち》期《ご》一《いち》会《え》、人生を運ぶ

引《ひ》っ越《こ》し作業員

伊《い》藤《とう》秀《ひで》男《お》

さまざまな規制《きせい》にはばまれて、きわめてむずかしいといわれる海外への引《ひ》っ越《こ》し。
専門知識《せんもんちしき》と芸術的《げいじゅつてき》な梱包《こんぽう》の技《わざ》を駆使《くし》し、
その男は、1万を超《こ》える人々《ひとびと》を世界に送りだしてきた。
わずか数時間の出会いでも、男はこう考える。
「新しい一歩をふみだすこの人のために、自分にできることはなんだろう」
性格《せいかく》は根っからのおせっかい。
そのおせっかいで、依頼者《いらいしゃ》の不安を笑顔に変えてしまう。
若《わか》い頃《ころ》は、未来に希望などないと思った。
現実《げんじつ》から逃《に》げる男に道を照らしたのは、さげすんでいた父。
その生き方にならい、陰口《かげぐち》にも屈《くっ》さず信念をつらぬいた。
いまも仕事をきわめたとは思っていない。
今日もどこかで、ただただまじめに、だれかの旅立ちをささえるだけだ。

✴海外引《ひ》っ越《こ》しの「エキスパート」

「キューピーちゃんをめざすわね。髪《かみ》の毛《け》が薄《うす》くても、かわいいから」

「うるさいわ。うまく髪《かみ》の毛《け》のこるかな?」

妻《つま》にバリカンで髪《かみ》を刈《か》ってもらいながら、その人はしきりに鏡を気にしています。

「お父さんの頭、いつもどおりだね」

「なんでいつもてっぺんがとんがってるの?」

ふたりの娘《むすめ》に言われ、「なんでだろ?」と頭をつきだすと、「はげてるよ」と、つっこまれてしまいました。

女性《じょせい》ばかりに囲まれて家ではたじたじですが、仕事をしているときのその人は、まったくの別人です。

伊藤秀男《いとうひでお》さんは、大手運送会社につとめる引《ひ》っ越《こ》し作業員。

日本から海外への引《ひ》っ越《こ》しを専門《せんもん》に受けもち、入社以来25年、海外引《ひ》っ越《こ》しひとすじに技《わざ》をみがいてきました。

その仕事は、依頼主《いらいぬし》のもとに出向いて、家にあるものを荷づくりし、それを海外へと送りだすこと。かんたんに聞こえますが、海外引《ひ》っ越《こ》しの作業は、日本国内の引《ひ》っ越《こ》しとくらべ格段《かくだん》にむずかしいのです。

「今日のお客様は、インドネシアのジャカルタへ引《ひ》っ越《こ》しされます」

朝、伊藤《いとう》さんは作業をともにするメンバーを集めて、ミーティングをはじめました。スタッフは、伊藤《いとう》さんをふくめて４人。大半は20代の若者《わかもの》です。若《わか》いスタッフにとって、伊藤《いとう》さんはとてもたよりになる先輩《せんぱい》です。

会社の引《ひ》っ越《こ》し作業員は１２００人いますが、中でも伊藤《いとう》さんの技術《ぎじゅつ》はずばぬけています。社内に４人しかいない、優秀《ゆうしゅう》な技能《ぎのう》をもつ「シニアエキスパート」のひとりで、年に４００件《けん》もの海外引《ひ》っ越《こ》しを手がけています。

「おはようございます、よろしくお願いします」

この日伊藤《いとう》さんたちが受けもった現場《げんば》は、夫婦《ふうふ》と子どもふたりが暮《く》らす２ＬＤＫのマンションでした。

「このへんにあるものは、ほとんどジャカルタへもって行きます」

「はい、わかりました」

依頼主《いらいぬし》の説明を受けながら、伊藤《いとう》さんはまず、各部屋にあるものを見て回りました。ジャカルタへ送るものはおよそ2000点。そのすべてを1日で荷づくりし、運びださなければなりません。

「これはお米なんですけど」

未開封《みかいふう》の大量の米をもっていきたいという男性《だんせい》に、伊藤《いとう》さんはこう告げました。

「ジャカルタへもちこめるお米は、15キロが目安なんです」

実はこれが、海外引《ひ》っ越《こ》しのむずかしさのひとつです。

海外への引《ひ》っ越《こ》しには、さまざまな制限《せいげん》があります。国外へだす荷物は、相手の国にとって「輸入品《ゆにゅうひん》」となるため、国ごとに、もちこめるものや重さが細かく決められています。伊藤《いとう》さんはそうした知識《ちしき》を頭に入れているのです。

中でも最大の制限《せいげん》は、梱包《こんぽう》（荷づくり）の道具です。

伊藤《いとう》さんの会社では、運ぶものに応《おう》じた専用《せんよう》の梱包《こんぽう》道具を開発しています。たとえば、器などの割《わ》れものは、中にスポンジがしかれたケースにしまいます。そうすれば、スポンジがクッションになって器が破損《はそん》から守られます。

ソファーなどの家具をくるむ布《ぬの》や、薄型《うすがた》テレビを安定よく入れられる専用箱《せんようばこ》。こうした道具をつかえば、ものを守り、同時に荷づくりの手間もはぶけて便利です。

ところが海外引《ひ》っ越《こ》しでは、それらの梱包《こんぽう》道具をつかうことがゆるされません。つかえるのは段《だん》ボールと紙とエアクッション。さらにそれをとめる粘着《ねんちゃく》テープだけ。用がすんだら、現地《げんち》で捨《す》てられるものにかぎられているのです。

伊藤《いとう》さんたちは、さっそく荷づくりにとりかかりました。

器は一つひとつエアクッションや紙で包み、さらに段《だん》ボール箱に安定よくつめていきます。本棚《ほんだな》はネジを外して解体《かいたい》し、まとめて段《だん》ボールで包みます。

つめ終えた箱をテープで厳重《げんじゅう》に封《ふう》をし、伊藤《いとう》さんは重さを量って、「10kg」と書きこみました。

「航空便は90キロまでって会社に言われているんですけど、だいじょうぶですか?」

依頼主《いらいぬし》が心配そうに聞きました。

海外引《ひ》っ越《こ》しの多くは、つとめ先の都合による長期海外赴任《ふにん》です。おそらく、輸《ゆ》送代《そう》をはらう会社から、料金の高い航空便で送る荷物は90キロまでと決められているのでしょう。

「だいじょうぶです。おさまっております」

伊藤《いとう》さんはすぐにこたえました。

海外引《ひ》っ越《こ》しでは、荷物がかさばると費用が跳《は》ね上がります。客の負担《ふたん》をおさえるために、できるだけコンパクトな梱包《こんぽう》にしなければならないのも、むずかしさのひとつです。

伊藤《いとう》さんは、ある棚《たな》をもち上げて数秒眺《なが》めると、カッターで段《だん》ボールを切り、箱をつくりはじめました。

「いちいち測《はか》らなくても、ぱっと見るだけで、ものの大きさがわかるようになるといいね。そうすると梱包《こんぽう》していてむだがないよ」

それは、伊藤《いとう》さんが、日頃《ひごろ》から後輩《こうはい》に教えていることでした。

伊藤《いとう》さんには、ものを見るだけで、そのサイズがわかる感覚がしみついています。

小さな棚《たな》を見て、ちょうどいいサイズの箱をつくる伊藤《いとう》さん。

その上、それがおさまる過不足《かぶそく》ない箱の大きさまで瞬時《しゅんじ》にわかるのです。

そこには、伊藤《いとう》さんがつらぬくひとつの流儀《りゅうぎ》がありました。

最小の手で、最大の効果《こうか》

「シンプルかつがんじょうな梱包《こんぽう》をしていこう」

伊藤《いとう》さんは、いつも後輩《こうはい》にそう指導《しどう》しています。

たとえばテレビを梱包《こんぽう》するとき、伊藤《いとう》さんは、段《だん》ボールを切ったり折ったりしてその場でテレビのサイズにぴったりの梱包《こんぽう》道具をつくり上げてしまいます。

テレビの両脇《りょうわき》には段《だん》ボールでつくった柱を差しこみ、テレビをがっちりと固定します。さらに最後の封《ふう》を閉《と》じるとき、伊藤《いとう》さんは、ふたの下に1枚段《まいだん》ボールをしきました。でも、単純《たんじゅん》に2枚《まい》重ねにしたわけではないのです。

「段《だん》ボールは、一方方向にはすぐに折れちゃう。だから、そのままふたをすると、上からおせばかんたんに箱がつぶれちゃうんだよ。そこで、ふたをする前に逆目《ぎゃくめ》の段《だん》ボールを入れれば、ほら折れないだろ」

これも、伊藤《いとう》さんが日頃《ひごろ》から後輩《こうはい》に教えている技《わざ》でした。

段《だん》ボールは、2枚《まい》の厚紙《あつがみ》のあいだに波状《なみじょう》の芯《しん》がはさまった素材《そざい》ですが、実はその波の方向によって強度がちがいます。波に平行な方向には折れやすく、波に垂直《すいちょく》な方向には折れにくいのです。

伊藤《いとう》さんは、2枚《まい》の段《だん》ボールを、波が十字に交差するように重ねることで、段《だん》ボールの強度をさらに高めていたというわけです。

このような技《わざ》をつかって伊藤《いとう》さんは、大型テレビの梱包《こんぽう》を、わずか8分で仕上げてしまいました。

■ 段《だん》ボールをつかったテレビの梱包《こんぽう》

伊藤《いとう》さんが考えた梱包《こんぽう》のひとつ、薄型《うすがた》テレビの梱包《こんぽう》。箱は、300キロの重みにもたえられる。

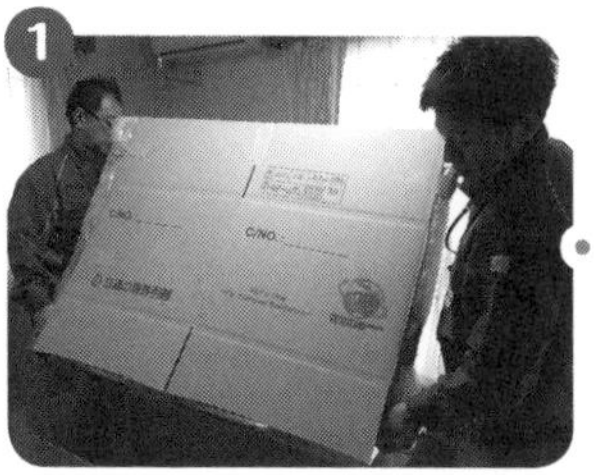

1 エアクッションで包んだテレビをうすめの段《だん》ボールに入れる。

2 コの字形に曲げた段《だん》ボールを柱にして、圧力《あつりょく》にたえられるようにする。

3 ぐらつかないよう、段《だん》ボールだけで固定する。

4 段《だん》ボールの目を交差させてふたをつくる。

5 薄型《うすがた》テレビの梱《こん》包《ぽう》のでき上がり。

「すごいなぁ。おれたちなら20分はかかるね……」

「うん」

後輩《こうはい》のスタッフはその手際《てぎわ》に、いつもびっくりしています。

伊藤《いとう》さんがここまで厳重《げんじゅう》な梱包《こんぽう》をするのには、わけがあります。海外引《ひ》っ越《こ》しでは、荷物が現地《げんち》の家に届《とど》くまで、どこでどんな衝撃《しょうげき》がまち受けているかわかりません。これこそが、海外引《ひ》っ越《こ》し最大の難点《なんてん》なのです。

飛行機での輸送《ゆそう》はゆれ、船での輸送《ゆそう》は現地《げんち》の港まで数か月もかかります。日本のように道路が整備《せいび》されていない国では、空港や港から届《とど》け先《さき》までに悪路が続くかもしれませんし、途中《とちゅう》で荷物をあつかう人が、落としてしまうかもしれません。荷物を守るためには、伊藤《いとう》さんたち引《ひ》っ越《こ》し作業員が、厳重《げんじゅう》に梱包《こんぽう》しなければならないのです。

伊藤《いとう》さんの会社では、伊藤《いとう》さんがおこなったテレビの梱包《こんぽう》がどれほどの圧力《あつりょく》にたえられるかを、専用《せんよう》の機械で計ってみたことがありました。その結果、たえられた圧力《あつりょく》は３００キロを軽く超《こ》えていました。おとな５人の全体重がかかっても段《だん》ボールはつぶれずに、中のテレビは守られたのです。

伊藤《いとう》さんはこのほかにも、包むものに応《おう》じた梱包《こんぽう》のくふうを、いくつも生みだしてきました。それはいま、世界120都市でつかわれています。

＊
＊
＊

この日、伊藤《いとう》さんは、千葉《ちば》県にあるマンションを訪《おとず》れました。

依頼主《いらいぬし》は、1か月前にドイツへの転勤《てんきん》が言いわたされた若《わか》い夫婦《ふうふ》です。さっそく家の中のチェックをはじめた伊藤《いとう》さんを見つめ、ふたりともひどく不安そうな顔をしています。突然《とつぜん》の転勤《てんきん》に、荷物だけでなく気持ちの整理もまだつかずにいたのです。

「すみません。この部屋、ちょっとごちゃごちゃしてて」

そう言われて案内された部屋の一角に、自転車が2台おかれていました。

休日のサイクリングで仲を深め、昨年、結婚《けっこん》したばかりのふたりにとって、自転車は、とても大切なものでした。

「自転車は専用《せんよう》のボックスに入れないといけないので、これだけは自分たちで梱包《こんぽう》します」

依頼主《いらいぬし》の夫婦《ふうふ》は、伊藤《いとう》さんにそう言いました。

「わかりました」

それから30分後。

伊藤《いとう》さんは、スタッフとともに急ピッチで作業を進めていましたが、玄関《げんかん》で自転車を前に困惑《こんわく》している依頼主夫婦《いらいぬしふうふ》のほうをちらちらと気にしはじめました。

「おかしいな。だめだ。動かへんなぁ」

「かたいね」

夫婦《ふうふ》のとまどう声が聞こえてきます。梱包《こんぽう》するために自転車を解体《かいたい》しようとしているものの、なぜかうまくいかないようです。

伊藤《いとう》さんは作業の手を止め、ふたりの手伝いに外へ出ていきました。

「だいじょうぶかな？　わたし、お手伝いしましょうか？」

「あははは。実は、ペダルが外れなくてですね」

「わたしがやってみましょう」

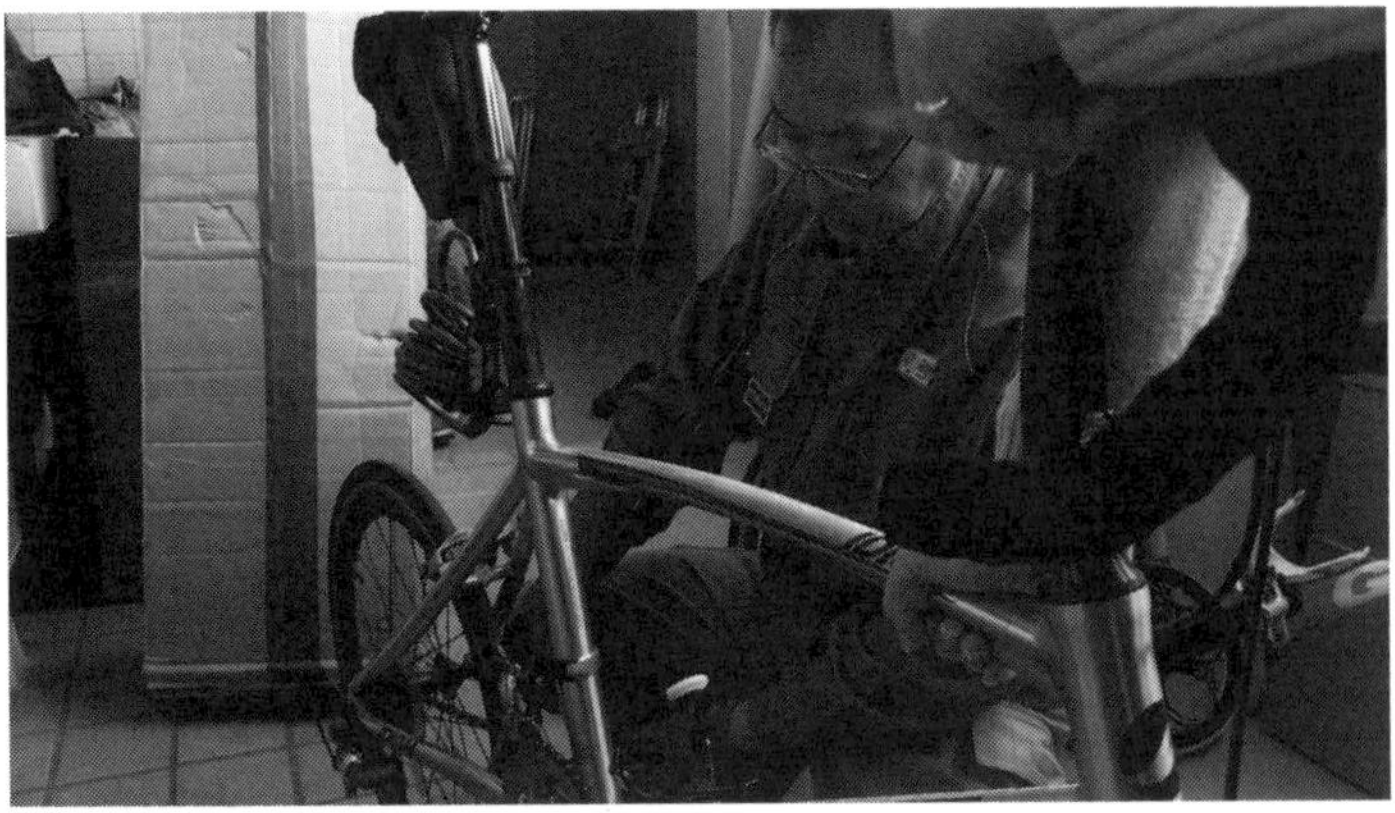

自転車の梱包《こんぽう》を手伝う伊藤《いとう》さん。

伊藤《いとう》さんはしゃがみこむと、自転車のペダルを念入りに調べはじめました。

それは引《ひ》っ越《こ》し作業員の仕事ではないと考える同業者も多いでしょう。でも、伊藤《いとう》さんがめざすのは、ただたのまれたことをこなすだけの引《ひ》っ越《こ》しではありません。

荷物だけでなく不安も片《かた》づける

これまで、1万を超《こ》える人たちを海外へ送りだしてきた伊藤《いとう》さん。その人たちを見るうちに、こう感じるようになっていました。

「不安になるものだよな、知らないところに行くって。それがましてや海外だよ。

そんなとき、いちばん最初に相談に乗れる

のって、ぼくたちだ。おせっかいなんだけど、何か不安に思っていることがあれば全部おこたえしたい。それだけでひとつ安心してもらえるんだもの」

そのときです。

「あ、いけました」

かたかった自転車のペダルが、やっと外れました。

「ありがとうございます！」

「これで無事に運べますね」

これで自転車の件《けん》はひと安心です。ところが部屋へもどった伊藤《いとう》さんは、さらなる〝おせっかい〟をはじめました。

依頼主《いらいぬし》の夫婦《ふうふ》が事前に箱づめを終えていた食料品をすべてとりだし、一つひとつ食品の表示《ひょうじ》を見ながら、原材料のチェックをはじめたのです。

「ヨーロッパ向けは、食料品のもちこみがきびしいんですよ。ドイツでは、肉や乳《にゅう》製品《せいひん》、卵《たまご》などのもちこみがいっさい禁《きん》じられています。肉エキスがふくまれる食品すらだめ。破《やぶ》ると罰金《ばっきん》が科せられかねないんです」

依頼主《いらいぬし》が箱につめた食料品を、念のため点検《てんけん》する伊藤《いとう》さん。

これも、本来なら引《ひ》っ越《こ》す本人がすることです。けれど伊藤《いとう》さんは、ふたりをほおっておけません。

「このカレールーも、ポークエキスが入っているからだめですね」

「ああ、そうだ。カレー外したつもりだったんですけど」

「すごいね」

ふたりは伊藤《いとう》さんの知識《ちしき》に感心しています。

やがて、引《ひ》っ越《こ》し作業がすべて終わりかけたとき、

「すみません、ちょっと相談してもいいですか？」

自転車の梱包《こんぽう》をしていた夫婦《ふうふ》が、伊藤《いとう》さん

に声をかけました。

「これって、2個《こ》入るんですかね？」

事前に用意した自転車の梱包《こんぽう》箱に、タイヤが2つおさまりそうもないのです。

「いや、入りませんね。もし箱がないならつくっちゃいますよ」

伊藤《いとう》さんは見るなり即答《そくとう》しました。

「本当ですか！」

自分たちで梱包《こんぽう》したいと願いでた大切な自転車。その宝物《たからもの》の梱包《こんぽう》を、依頼主《いらいぬし》の夫《ふ》婦《ふ》は、ついに伊藤《いとう》さんに託《たく》したのです。ダンボールを手際《てぎわ》よく重ね、数分で自転車の梱包《こんぽう》が終わりました。


それから1時間後、予定していたすべての作業が終わりました。

「では、お荷物をお預《あず》かりいたします。ありがとうございました。お気をつけて行ってらしてください」

「よろしくお願いします！」

玄関《げんかん》で伊藤《いとう》さんが声をかけたとき、夫婦《ふうふ》はすっかり笑顔になっていました。

✳尊敬《そんけい》できなかった父

今日は年末の仕事おさめです。伊藤《いとう》さんは故郷《こきょう》の岩手《いわて》に車を走らせました。

「おかえり」

雪の中、手をふってむかえてくれたのは、父の堅一《けんいち》さん。堅一《けんいち》さんは、かつて伊《い》藤《とう》さんと同じ運送会社で、作業員として働いていました。親子で同じ会社です。しかし、伊藤《いとう》さんは若《わか》い頃《ころ》、お父さんと同じ道を歩もうとは思ってもいませんでした。

父の堅一《けんいち》さんは、農村の貧《まず》しい家庭に育ち、小学校にも満足にかよえませんでした。そのため読み書きは苦手。車の免許《めんきょ》も取得できず、生涯《しょうがい》、いち作業員として働きました。

伊藤《いとう》さんは、もの心がつくと、そんな父をはずかしく思うようになりました。

「おやじなんて、学もないくせに……」

小ばかにするような気持ちがわき、父を尊敬《そんけい》する気持ちにはなれなかったのです。

おとなになった伊藤《いとう》さんは、仕事を転々《てんてん》としました。自動車の販売《はんばい》、トラック運転手、何をやっても、自分の将来《しょうらい》に希望がもてませんでした。

逃《に》げるように仲間と飲み歩いてばかりいる息子を見かねて、堅一《けんいち》さんは、自分の上司にこうたのみました。

「息子を雇《やと》ってもらえないか」

それを知らされた伊藤《いとう》さんは動揺《どうよう》しました。

(おやじが、自分のために頭を下げてくれた)

そして、父と同じ作業員の仕事をしてみることにしたのです。

働きはじめてみると、伊藤《いとう》さんはあることにおどろきました。

「君のお父さんはすごいんだよ。いつも確実《かくじつ》に仕事をこなすんだ」

「トラックの手入れから掃除《そうじ》まで、人がいやがる仕事も率先《そっせん》してやるんだよね。すごいよなあと思うよ」

まじめに仕事に向き合い、多くの人にたよられていた父堅一《けんいち》さん（写真右）。

学問も、特別な技術《ぎじゅつ》もない父親の評判《ひょうばん》を、職場《しょくば》のいたるところで耳にしたのです。ただただまじめに仕事に向き合う、そんな父をたよりにしている人が、自分の知らないところにこんなにいたのです。

「おやじ、すげえんだな……」

伊藤《いとう》さんは、そう思いました。

「おやじ、いいな……。みんなにあんなふうに言ってもらえて。ぼくも、おやじのようになりたい」

自然とそう思うようになったのです。

伊藤《いとう》さんは、父とは別の、海外引《ひ》っ越《こ》しの部署《ぶしょ》の所属《しょぞく》になりました。

当時、海外への引《ひ》っ越《こ》しは件数《けんすう》がまだ少な

く、梱包《こんぽう》の技術《ぎじゅつ》も確立《かくりつ》されていませんでした。そのため、日本から送りだした荷物が輸送《ゆそう》の途中《とちゅう》でこわれることも多く、トラブルや苦情《くじょう》が続出していました。

「そんなクレームつけられてもどうしようもないよ。外国の道路が整備《せいび》されてないのは、どうにもできないもん」

同僚《どうりょう》はそう言いました。でも伊藤《いとう》さんはそうは思えませんでした。

(トラブルや不安をなんとかしてへらすことが、ぼくらの仕事なんじゃないかな)

伊藤《いとう》さんは、休日になると家電の店や百貨店をめぐり、どんなものが家庭にあるのか、新しい商品を見て回りました。

とくに家電は、サイズが大きくなったり、小さくなったり、時代によって流行が変わります。どんどんうすくなるテレビを見ては、「これは、梱包《こんぽう》でどうやってささえたらいいんだろう?」と考えました。

サイズはもちろん、その構造《こうぞう》まで知識《ちしき》をとり入れ、そのような家電をどう梱包《こんぽう》すればこわさずに引《ひ》っ越《こ》し先まで届《とど》けられるのかを、伊藤《いとう》さんはつねに考えました。

そして夜遅《よるおそ》くまで梱包《こんぽう》の腕《うで》をみがいたのです。

最新の家電製品《せいひん》のチェックは、いまでもおこたらない。

さらに、外国の文化や最新の情勢《じょうせい》などを学びました。そして、仕事の現場《げんば》では、依頼主《いらいぬし》と積極的に話をし、どんなことを不安に思っているのか、引《ひ》っ越《こ》しに関係のないことでも相談に乗りはじめました。

「伊藤《いとう》のせいで、よけいな仕事が増《ふ》えて、たまんないよ」

同僚《どうりょう》たちは陰口《かげぐち》をたたきました。それを知っても、伊藤《いとう》さんはやめようとはしません。

「おやじのようになるんだ。ただただまじめに、仕事に向き合うだけだ」

そんな強い思いがあったからです。

そんな仕事への向き合い方を1年2年と続けるうち、ある変化がおこりました。トラブルやクレームの数が、じょじょにへりはじめたのです。

すると、あんなにいやがっていた同僚《どうりょう》も、伊藤《いとう》さんのやり方に賛同《さんどう》するようになってきました。

伊藤《いとう》さんはいまも、引《ひ》っ越《こ》しの仕事をきわめたなどとは思っていません。

「ただただまじめに、おやじのように目の前の仕事をまっとうするだけ」

そう思って、今日も引《ひ》っ越《こ》しの現場《げんば》に向かい、休日は家電量販店《かでんりょうはんてん》がよいを続けています。

✴できるかぎりのことをしたい

「今回の引《ひ》っ越《こ》しは、ブラジルかあ」

会社で資料《しりょう》に目をとおす伊藤《いとう》さんの表情《ひょうじょう》に、いつもより少しばかり緊張感《きんちょうかん》が見えます。日本から1万8000キロはなれたブラジルは、引《ひ》っ越《こ》しでもちこめるものの制限《せいげん》がとくにきびしい国です。船での輸送《ゆそう》は2か月もかかり、そのあと劣悪《れつあく》な道路をとおるため、ほかの国よりさらに厳重《げんじゅう》に梱包《こんぽう》しなければなりません。

そして、今回引《ひ》っ越《こ》しをする人は、おそらく不安ととまどいでいっぱいだろうと、伊藤《いとう》さんは想像《そうぞう》していたのです。


「おはようございます」

引《ひ》っ越《こ》し作業初日、後輩《こうはい》のスタッフたちを連れた伊藤《いとう》さんは、玄関《げんかん》先で依頼主《いらいぬし》とあいさつをかわします。依頼主《いらいぬし》は、ふたりの子どもをかかえた女性《じょせい》でした。

「海外なんて、旅行でも行ったことがないんです。なんだかもう、全然わからないんですよ」

夫は仕事の都合でひと足先にブラジルへ旅立っていました。妻《つま》が日本にひとりでのこっていたのは、出産をひかえていたため。5歳《さい》の長男をかかえ、生まれた赤ちゃんもまだ10か月なのに、ひとりで引《ひ》っ越《こ》しの準備《じゅんび》をしていたのです。

「だいじょうぶです。おまかせください」

「よろしくお願いします。それと、11時から12時すぎまでは長男の終業式で留守《るす》にしますので」

子育て真っ最中の女性《じょせい》には、引《ひ》っ越《こ》しどころではないいそがしさです。

「うかがっております。そのあいだは、お母様がいてくださるそうですね」

「はい、細かいことまではわからないと思うのですが」

「わからないものがあれば保留《ほりゅう》にしておいて、ほかの、わかるものを進めておきます」

作業をはじめた伊藤《いとう》さんは、スタッフにいつもとちがう指示《しじ》をだしました。

「午前中はこのテーブルはのこすから。これは午後になったら運びだすね」

ふだんなら大きな家具を先に運びだし、作業スペースを確保《かくほ》しています。けれど今回は、大きなテーブルをあと回しにすることにしました。

「テーブルがなくなっちゃうと、お客様が座《すわ》っていられる場所がなくなっちゃうからね」

「わかりました」

伊藤《いとう》さんらしい思いやりに、スタッフもすぐに理解《りかい》しました。

それからはいつものように、手際《てぎわ》よく梱包《こんぽう》を進め、荷物を運びだしていきます。今回の引《ひ》っ越《こ》し作業は2日がかり。家の中の荷物がへってくるにつれ、依頼主《いらいぬし》の女《じょ》性《せい》の表情《ひょうじょう》は少しやわらいできました。

「よかった、だいじょうぶそうで。心配してたんですが、へってきたらちょっとほっとしてきました」

「安心してくださいね。本日は洗濯機《せんたくき》を梱包《こんぽう》したら終了《しゅうりょう》にして、のこりは明日にいたします」

家具や電化製品《せいひん》などは、ブラジルへもっていくもののほかに、国内の実家やトランクルームに預《あず》けるものがあります。洗濯機《せんたくき》は、将来《しょうらい》帰国したときすぐにつかえるよう、トランクルームに預《あず》けるものでした。

初日の作業が終わりかけたとき、伊藤《いとう》さんが異変《いへん》に気づきました。洗濯機《せんたくき》が水もれしていたのです。伊藤《いとう》さんは依頼主《いらいぬし》にそのことを伝え、外にだした洗濯機《せんたくき》をかたむけます。すると、底から原因不明《げんいんふめい》の水がでてきました。

依頼主《いらいぬし》の顔が、また心配でくもってしまいました。

「こんな状態《じょうたい》のままトランクルームに保管《ほかん》すると、ほかの荷物にカビがはえてしまいますか？」

不安げな顔で、依頼主《いらいぬし》が伊藤《いとう》さんにたずねます。

「うーん。原因《げんいん》がわからないですし、水も止まるかもしれません。一度ぼくのほうでようすを見て、ご相談させていただいていいですか」

伊藤《いとう》さんは、洗濯機《せんたくき》をほかの荷物といっしょに運びだし、会社へもち帰りました。会社にもどった伊藤《いとう》さんは、すぐに洗濯機《せんたくき》を下ろして点検《てんけん》しはじめました。すると、やはり水がでてきます。

「うわー、けっこうでるな。なんだろう、この水」

使用できないわけではないものの、このままではトランクルームに預《あず》けるのはむずかしそうです。電話で状況《じょうきょう》を伝えると、依頼主《いらいぬし》の女性《じょせい》はこう言いました。

「保管《ほかん》はあきらめます。処分《しょぶん》をするしかないと思います。処分《しょぶん》をお願いします」

でも伊藤《いとう》さんは、ぎりぎりまでねばりたいと考えていました。

「ひと晩《ばん》こちらにおかせていただいて、水の出が落ち着くか見てもいいですか？」

依頼主《いらいぬし》のために自分たちにできることはないか……。

会社としては、処分《しょぶん》をするかどうか早く決めたほうが手間がかかりません。依頼主《いらいぬし》も処分《しょぶん》することに納得《なっとく》しています。「それでも」と、伊藤《いとう》さんは思っていました。

「本当にそれでいいのか」と、自分に問いかけていたのです。

一《いち》期《ご》一《いち》会《え》の、応《おう》援《えん》者《しゃ》

これは、自分たち引《ひ》っ越《こ》し作業員があれこれ言う問題ではないと、伊藤《いとう》さんもわかっていました。でも、

（このままでいいのか……。引《ひ》っ越《こ》しは、新たな生活をはじめる前のスタートになる。できるかぎり気持ちよくしてさしあげたい……）

伊藤《いとう》さんに、そんな思いがよぎっていたのです。

引《ひ》っ越《こ》し作業の2日目。伊藤《いとう》さんは、依頼主《いらいぬし》の女性《じょせい》に会うと、洗濯機《せんたくき》の件《けん》を報告《ほうこく》しました。

「今朝見たところ、全部水がぬけたというか、下に落ちるような状態《じょうたい》ではなかったんですね」

「そうですか……」

「それで、昨日気になったので、インターネットで調べてみたんですけど……」

なんと伊藤《いとう》さんは、夜のあいだに洗濯機《せんたくき》の内部に水がたまった原因《げんいん》まで調べていたのです。

「あの機種の場合、糸くずフィルターってあるじゃないですか。その部分をとりかえていただければ、そのままつかえるんじゃないかなと思うんです。なので、トランクルームに保管《ほかん》しておきましょうか？」

「……はい。じゃあトランクルームでお願いします」

伊藤《いとう》さんの〝おせっかい〟が、依頼主《らいいぬし》の不安を吹《ふ》き飛《と》ばしたようです。

「買いかえるっていっても、新しい洗濯機《せんたくき》がくるまで洗濯《せんたく》ができなくなってしまうし、多少不具合があってても帰ってきてすぐにつかえたほうがいいので、保管《ほかん》ができてよかったです！」

のこる荷物もあとわずか。そのとき、依頼主《いらいぬし》の女性《じょせい》の友人が子どもを連れてお別れを言いにきました。

「わたしは泣かないわ」

「あははははは」

子どもたちは、空っぽになったおし入れに入ってははしゃぎ、おとなたちはおしゃべりに花が咲《さ》きます。

笑い声の中心にいる依頼主《いらいぬし》は、すっかり表情《ひょうじょう》がなごんでいました。

そのにぎやかな声を聞いて、となりの部屋で最後の梱包《こんぽう》を仕上げていた伊藤《いとう》さんにも、自然と笑みが浮《う》かびます。

「お気をつけて行ってらしてください。ありがとうございました」

作業を終え、深々《ふかぶか》と頭を下げる伊藤《いとう》さん。

「ありがとうございました」

依頼主《いらいぬし》は笑顔で伊藤《いとう》さんにお礼を言います。

玄関《げんかん》の戸を閉《し》め、「おつかれ様」とスタッフに声をかけて、トラックへ乗りこみました。

「いよいよなんだな。自分のことじゃないけど、そう思うよね」

明日もまた、旅立ちを控《ひか》えた見知らぬだれかが、伊藤《いとう》さんの応援《おうえん》をまっています。

一期一会《いちごいちえ》、人生を運ぶ

伊藤秀男《いとうひでお》

プロフェッショナルとは

その経験《けいけん》をすべてかみくだいて、
次の作業に生かせる人。
その経験《けいけん》をもとに、すべてのお客様に
安心感をあたえられることができる人
だと思っています。

第291回2016年4月4日放送

こんなところがプロフェッショナル！

制限《せいげん》が多い海外の引《ひ》っ越《こ》しを日々《ひび》こなしている伊藤秀男《いとうひでお》さん。
こんなところがすごいよ！

入社して25年、出勤《しゅっきん》は始発電車

ぎりぎりに行くのが好きじゃないと、夜明け前に家を出る伊《い》藤《とう》さん。入社して25年、ずっと始発電車で出勤《しゅっきん》しています。始業1時間前に会社に行き、その日におこなう引《ひ》っ越《こ》しの資料《しりょう》を見たり、作業を見直したりするのです。

引《ひ》っ越《こ》しとは関係ないことも手伝う

粗大《そだい》ごみをだすことに協力したり、不具合をおこした家電製品《せいひん》の修《しゅう》理《り》方法をアドバイスしたり、直接《ちょくせつ》引《ひ》っ越《こ》しとは関係のないこともお手伝いします。

いつもメジャーをもち歩く

休日は家電製品《せいひん》売り場などを歩いて最新の家電を研究する伊藤《いとう》さん。売り場にくるときは、いつもメジャーをもち歩き、新しい製品《せいひん》の大きさや構造《こうぞう》を頭に入れています。

ほかでは断《ことわ》られるものでも、梱包《こんぽう》を可能《かのう》にする

精密《せいみつ》機器や割《わ》れものなど、ほかの会社で断《ことわ》られがちなものでも、伊藤《いとう》さんは梱包《こんぽう》してしまいます。ドレスのレースの厚《あつ》さが1ミリという陶磁器《とうじき》の人形も、じっと見つめて、固定する箱をつくりだしてしまうのです。

プロフェッショナルの格《かく》言《げん》

引《ひ》っ越《こ》しのエキスパート、伊《い》藤《とう》秀《ひで》男《お》さんのことばを心にきざもう。

極力気持ちよくしてさしあげたい

本来引《ひ》っ越《こ》し業者がやるべきではないようなことも、できることはすべてやる伊藤《いとう》さん。依頼主《いらいぬし》の新たな生活のスタートを、極力気持ちよくさせてあげたい……。そんな気持ちで作業をしています。

ただただまじめに、仕事に向き合う

どんなにむずかしい注文でも、自分たちができる最善《さいぜん》の手をつくす。目の前の仕事をただただまじめにまっとうしていくだけ。伊藤《いとう》さんは、つねにそう思って仕事をしています。

不安に思っていることは全部おこたえしちゃおうかな

「基本的《きほんてき》にはおせっかいなんです」と言う伊藤《いとう》さん。たのまれたことだけをやる引《ひ》っ越《こ》し業者ではなく、お客さんの立場で考えて、引《ひ》っ越《こ》しの不安をとりのぞける引《ひ》っ越《こ》し業者でありたいと考えています。

心をこめて、あたり前の日常《にちじょう》を…

ビル清掃《せいそう》

新《にい》津《つ》春《はる》子《こ》

JATEC

世界でもトップクラスの清潔《せいけつ》さを誇《ほこ》る、東京《とうきょう》・羽田空港《はねだくうこう》。
ロビーの天井《てんじょう》から便器の裏《うら》まで、徹底的《てっていてき》にみがき上げるのは、
総勢《そうぜい》５００人の清掃《せいそう》スタッフだ。
その５００人のスタッフを率《ひき》いて指導《しどう》しているのが、
日本一の清掃員《せいそういん》といわれる、ひとりの女性《じょせい》。
「わたしはこの仕事が好き！」
そう言って胸《むね》をはる、輝《かがや》くような笑顔の陰《かげ》には、
いじめや社会の冷たい視線《しせん》にうつむいた日々《ひび》がある。
わたしの居場所《いばしょ》はどこ？　わたしの何がいけないの？
清掃《せいそう》の仕事についたのは、しかたなく。
技術《ぎじゅつ》さえあればそれでいいと思っていた。
そんな彼女《かのじょ》を、ある出会いが変えていく。
彼女《かのじょ》が手にしたゆるぎない信念とは……。

✳羽田空港《はねだくうこう》のスタッフを指導《しどう》

1日20万人もの人が利用する東京国際空港《とうきょうこくさいくうこう》。通称《つうしょう》「羽田空港《はねだくうこう》」。面積は、東京《とうきょう》ドーム約17個《こ》分の約78万平方メートル。利用者も日本一を誇《ほこ》る巨大《きょだい》空港です。

早朝6時半、ひとりの女性《じょせい》が、最寄《もよ》りの駅の改札から姿《すがた》をあらわしました。人々《ひとびと》の足がエスカレーターへと向かう中、女性《じょせい》はひとり、その脇《わき》の50段《だん》を超《こ》える階段《かいだん》を上りはじめます。

女性《じょせい》の名は新津春子《にいつはるこ》さん。

羽田空港《はねだくうこう》で働く総勢《そうぜい》５００人の清掃《せいそう》スタッフを率《ひき》いるリーダーとして、彼《かれ》らの指導《しどう》をおこなっています。エスカレーターをつかわず階段《かいだん》を上るのは、仕事前のウォーミングアップのためです。

空港は朝から大いそがし。

新津《にいつ》さんの一日は、よごれのチェックからはじまります。ロビー、トイレ、喫煙《きつえん》コーナー、子どもが遊ぶキッズコーナーやコインロッカー。天井《てんじょう》、照明、床《ゆか》、壁《かべ》、人々《ひとびと》が出入りするたくさんのドア……。

空港内のよごれのチェックは、一度きりではありません。日になんども見回りをおこない、あらゆる場所に気を配ります。

そうして、落とすのがむずかしいよごれを見つけると、新津《にいつ》さんは自ら取り組みます。

清掃《せいそう》の、「職人《しょくにん》」であれ

「あっ、ここ。カルキがついてる。黒ずんでるなぁ……」

新津《にいつ》さんが気になったのは、ロビーにおかれた冷水器のよごれでした。人々《ひとびと》が水を飲むために利用する設備《せつび》です。きれいに見えますが、よく見ると水の受け皿の表面がくすみ、油よごれが虹色《にじいろ》に光っていました。

よごれの原因《げんいん》は、空気中をただようほこりや水道水にふくまれるミネラル分。そして人が水を飲んだときに落ちる口の中の油分などです。それらがこびりついて、くすみや光になっているのです。

（このよごれ、落とすのがとてもむずかしいんだよね。全部とれるかな……）

新津《にいつ》さんは事務所《じむしょ》へもどると、洗剤《せんざい》を選びはじめました。

よごれの種類によって新津《にいつ》さんがつかい分ける洗剤《せんざい》は80種類を超《こ》えます。棚《たな》に並《なら》んだ洗剤《せんざい》のラベルを見ながら新津《にいつ》さんは考えました。

「カルキを落とす洗剤《せんざい》は、これ。あと、色が変わっていたのは油よごれだから、たぶんこれでとれるんじゃないか……」

2種類の洗剤《せんざい》を道具といっしょにかごに入れ、新津《にいつ》さんは現場《げんば》へもどりました。

まずつかうのは弱いアルカリ洗剤《せんざい》です。水でうすめ、それをスポンジにふくませると、やさしくなでるようにして油よごれをとりのぞいていきます。

それをすすぐと、こんどは強い酸性洗剤《さんせいせんざい》をつかって、こびりついたミネラル分などを落としはじめました。

冷水器につかわれているステンレスは、酸性洗剤《さんせいせんざい》に弱い素材《そざい》です。酸性《さんせい》の洗剤《せんざい》をつかうと、ステンレスの色が変わり、ツヤがなくなってしまうのです。

しかし、そんな洗剤《せんざい》もうまくつかえばよごれが落ちてツヤがでます。新津《にいつ》さんが

■ 新津《にいつ》さんのよごれの落とし方

清掃《せいそう》のプロの新津《にいづ》さんは、よごれの性質《せいしつ》を見きわめ、それぞれに適《てき》した洗剤《せんざい》や道具をつかうことで、よけいな手間をかけずによごれを落とすことができます。

●風呂場《ふろば》のタイルのカビ

皮脂《ひし》や角質《かくしつ》が原因《げんいん》の、風呂場《ふろば》のカビ。ある程度《ていど》のカビであれば、お酢《す》の殺菌《さっきん》作用で落とすことができます。お酢《す》を水で3倍から4倍にうすめ、ティッシュをかぶせた上から霧吹《きりふ》きして10分ほどつけ置き。最後は水で流せばOK！

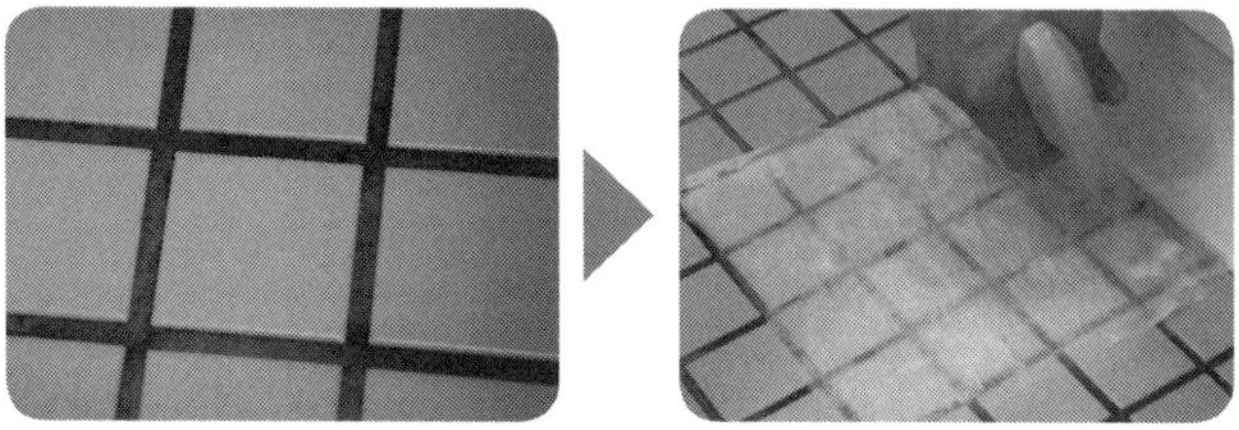

●蛇口《じゃぐち》のうろこ状《じょう》にくもったよごれ

研磨剤《けんまざい》入りのやわらかいパットと食器洗《あら》い用の洗剤《せんざい》で、表面をいためないように軽くなでていきます。最後に研磨剤《けんまざい》入りの洗剤《せんざい》でひとふきすると、よりピカピカに！ 鏡についているよごれにも応用《おうよう》できます。

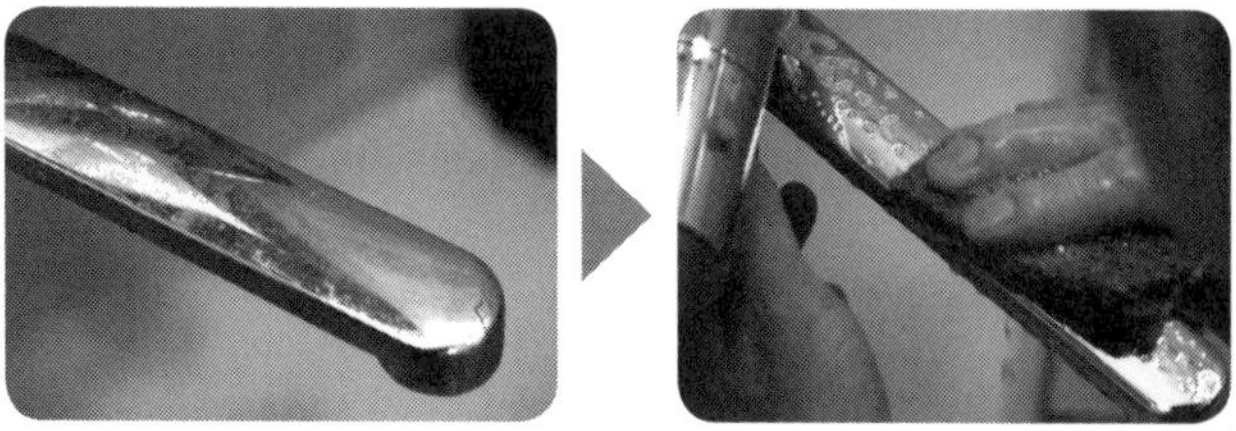

ねらうのは、その境目《さかいめ》です。濃《こ》い酸性洗剤《さんせいせんざい》が10秒以上同じ場所にとどまらないよう、新津《にいつ》さんは手の動きを止めません。洗剤《せんざい》が乾《かわ》かないようにスプレーでこまめに水をかけながら、しつこいよごれを丹念《たんねん》に落としていきます。

新人のスタッフは、そんなようすを見ると、だれもがこう言います。

「よごれを落とすなら、洗剤《せんざい》や道具で力いっぱいこすればいいのでは？」

けれど新津《にいつ》さんは、「それでいいの？」とこたえます。

「傷《きず》になってしまったら意味がない。材質《ざいしつ》に対してやさしく清掃《せいそう》してあげれば、その素材《そざい》がもともともっているツヤや姿《すがた》がでてくるからね」

新津《にいつ》さんは受け皿の裏側《うらがわ》も清掃《せいそう》をはじめました。そこは、つかう人の目にはまったくふれない部分。けれど新津《にいつ》さんは、表側と同じくらいきめ細かく、こびりついたよごれをとりのぞいていきました。

「うわー、できちゃった。よかった！」

よごれと向き合って2時間。仕上げの乾《から》ぶきをすませると、冷水器はまばゆいばかりの輝《かがや》きをとりもどしました。

冷水器のよごれと真剣《しんけん》に向き合う新津《にいつ》さん。

「ほら、これなら水がおいしそうに見えるでしょう。やったあ！」

真剣《しんけん》な表情《ひょうじょう》とは打って変わって、新津《にいつ》さんは少女のような笑顔を見せました。

新津《にいつ》さんが清掃《せいそう》の職《しょく》についたのは、まだ17歳《さい》の頃《ころ》です。以来、47歳《さい》になる今日まで、ずっと清掃員《せいそういん》という仕事を続けてきました。

よごれを落としてきれいにするためなら、新津《にいつ》さんは、どんな手間もいといません。彼《かの》女《じょ》は自分の仕事を、こう考えているのです。

「わたし、清掃《せいそう》は、職人《しょくにん》の仕事と思っているから。自分がやっていることは、職人《しょくにん》ですって思ってるの」

トイレの便器の清掃《せいそう》では、棒《ぼう》に布《ぬの》をかけて細いすき間のよごれもぬぐい、便座《べんざ》の裏側《うらがわ》の見えない部分まで、小さな鏡を当ててよごれの有無をチェックします。

熱心に向き合いはじめたのは、洗面台《せんめんだい》の脇《わき》にある、洗《あら》った手を乾《かわ》かすハンドドライヤー。新津《にいつ》さんは排水口《はいすいこう》へ細長いブラシを入れて、ていねいにこすりはじめました。そのブラシは、手の届《とど》かない部分につかいやすいようにと、新津《にいつ》さん自ら開発にたずさわったものです。

彼女《かのじょ》の仕事を見つめる後輩《こうはい》に、新津《にいつ》さんはこう教えます。

「排水口《はいすいこう》はね、人の手の脂《あぶら》がついて雑菌《ざっきん》が増《ふ》えやすい場所なの。雑菌《ざっきん》のにおいがでてくると、トイレの空間全体にもいやなにおいがしてしまうでしょう。清掃《せいそう》って、ただ掃除《そうじ》をすればいいんじゃなくて、気づいたことを全部やる気配りが必要なの」

見えない部分やにおいにこそ気を配る。それが新津《にいつ》さんの清掃《せいそう》に対する姿勢《しせい》なのです。

空港ロビーにもどった新津《にいつ》さんは、こんどは長いモップで床《ゆか》をふきはじめました。ときおり姿勢《しせい》を低くして、床《ゆか》のよごれに目をこらします。

「ごみは落ちてないですね」

後輩《こうはい》のことばに、新津《にいつ》さんは首をふりました。

「きれいに見えても、人が歩くたびにまい上がるほこりは、アレルギーの原因《げんいん》にもなるの。床《ゆか》は、小さな子がはったり寝転《ねころ》んだりして遊ぶことがあるでしょう。お子さんは体力が弱い。そういうことを考えなくちゃ」

新津《にいつ》さんはくもった部分を見つけると、そこへ歩み寄《よ》りました。そしてしゃがんで、手で床《ゆか》にふれます。

「ほらやっぱり。ほこりがたまってる」

そして新津《にいつ》さんは、ていねいにその場のほこりをふきとりました。

「わたしたちが毎日ていねいに清掃《せいそう》をやっていけば、お客様も注意して、無造作《むぞうさ》にごみを捨《す》てにくくなると思う。そうなると、わたしたちももっときれいにしようっていう気持ちが強くなる。そうやってきれいさが維持《いじ》できたら、いちばんよね！」

たくさんの人が行きかう空港で、お客さんのじゃまにならないよう気を配りながら、新津《にいつ》さんはどんな小さなよごれも絶対《ぜったい》にゆるがせにはしません。そうして巨大《きょだい》な空港ターミナルの〝清潔《せいけつ》〟を守り続けているのです。

清掃《せいそう》こそわたしの「居場所《いばしょ》」

「ご飯食べようかね」

昼休み、新津《にいつ》さんはいつも同僚《どうりょう》といっしょにご飯を食べます。この日さそったのは、体調をくずしてしばらく現場《げんば》をはなれていた仲間でした。

「また出勤《しゅっきん》してくれて、本当に助かりました」

「いやあ、だいぶローテーションに迷惑《めいわく》かけたからさ……」

と仲間が言えば、

「そんなことないよ。おたがい様。現場《げんば》のみんなが会いたがってた。できてよかった！」

と新津《にいつ》さんは笑顔で返します。

大勢《おおぜい》のスタッフをまとめる新津《にいつ》さんですが、いばったところはまったくありません。17歳《さい》の若《わか》さから清掃《せいそう》の仕事を続けてきた陰《かげ》には、たえぬいてきた苦労の多い半生がありました。

新津春子《にいつはるこ》さんは、1970年、中国《ちゅうごく》の瀋陽《しんよう》で生まれました。瀋陽《しんよう》は、中国《ちゅうごく》の東北《とうほく》部にある、遼寧《りょうねい》省の州都。冬には気温がマイナス10度を下回る都市です。かつては旧満州《きゅうまんしゅう》の奉天《ほうてん》とよばれていました。

新津《にいつ》さんのお父さんは、第二次世界大戦のとき、旧満州《きゅうまんしゅう》にとりのこされた「中国《ちゅうごく》残留《ざんりゅう》日本人孤児《こじ》」でした。赤ちゃんの頃《ころ》に中国《ちゅうごく》人の養父母にひきとられて育ち、中《ちゅう》国《ごく》人女性《じょせい》と出会って結婚《けっこん》。春子《はるこ》さんが生まれたのです。

父親が日本人だといううわさが広まると、小学生だった新津《にいつ》さんは、日本人というだけで学校でいじめを受けるようになりました。

「日本人は帰れ！」

同級生からそう言われ、石を投げられたこともあります。

（何も悪いことしてないのに、なんでわたし、いじめられないといけないの？）

悲しくてたまりませんでしたが、親に言うこともできません。

「このまま永遠《えいえん》にいじめられるのかな……」

うつむいていた新津《にいつ》さんに、17歳《さい》のとき、希望の光がさします。家族で、日本へ移《うつ》り住《す》むことになったのです。

「日本で暮《く》らせば、もういじめられない」

新津《にいつ》さんは期待に胸《むね》をふくらませました。ところが、

「中国《ちゅうごく》人は帰れ！」

アルバイト先で、新津《にいつ》さんは再《ふたた》び心ないことばを投げつけられ、いじめられるようになりました。

「中国《ちゅうごく》にいるときは『日本人だ』、日本へきたら『中国《ちゅうごく》人だ』って。わたしは自分じゃないの？　わたしはいったい何？」

つらかったのはそれだけではありませんでした。来日当初、新津《にいつ》さんの両親は、すぐには決まった仕事が見つからず、一家の生活は貧《まず》しく、とてもきびしかったのです。

新津《にいつ》さんも、生活費を稼《かせ》ぐために高校へかよいながら仕事を探《さが》しました。けれど、

日本語が苦手な人を雇《やと》ってくれる仕事場は見つかりません。ことばがわからなくても、見よう見まねでなんとかできる、唯一《ゆいいつ》の仕事が清掃員《せいそういん》でした。

ところが、トイレやビルの清掃《せいそう》をしながら、「どうぞ」と利用者に声をかけても、相手は返事をしません。それどころか、新津《にいつ》さんを見もしなかったのです。

「ああ、わたしのこと、まったく目に入ってないのね……。清掃《せいそう》の仕事って、中国《ちゅうごく》でも社会の中でレベルが低かったけれど、日本でもいっしょなんだ……」

自分の存在《そんざい》をみとめてくれる人がいない。居場所《いばしょ》もない。

「わたしは何に心を寄《よ》せて生きていけばいいのだろう……」

社会から向けられる視線《しせん》の冷たさに、言いようのない思いがこみ上げてきます。新津《にいつ》さんはそれでも、お金を稼《かせ》ぐために懸命《けんめい》に働きました。

そうして23歳《さい》のとき、清掃員《せいそういん》として働きはじめた羽田空港《はねだくうこう》で、運命を変えるひとりの人と出会ったのです。

✴心をこめるということ

その人は、鈴木優《すずきまさる》さん。

新津《にいつ》さんの上司となった鈴木《すずき》さんは、よごれや洗剤《せんざい》のことでわからないことはないといわれる、清掃《せいそう》業界のエキスパートでした。

新津《にいつ》さんは、鈴木《すずき》さんの指導《しどう》を受けるうち、清掃《せいそう》という仕事におもしろさを感じはじめます。そしていつしか、こう思うようになったのです。

「自分にはこの仕事しかない。ならば、清掃《せいそう》をきわめてみよう！」

でも、いくらがんばって技術《ぎじゅつ》をみがいても、鈴木《すずき》さんは新津《にいつ》さんの仕事ぶりをほめてくれません。

かけることばはいつも同じ。

「もっと、心をこめなさい」

（心と言われても……）

新津《にいつ》さんは、鈴木《すずき》さんに言い返しました。

鈴木優《すずきまさる》さん（右から２番目）と新津《にいつ》さん（前列右）。

「それは、見えないものなんですけど」

こんなにがんばっているのに、なんでみとめてくれないの！　わたしの何がいけないの！

新津《にいつ》さんにはわかりませんでした。

こたえを教えてもらえないまま、がむしゃらに学び続けて3年がすぎたとき、新津《にいつ》さんは、鈴木《すずき》さんからこんなさそいを受けました。

「全国の清掃員《せいそういん》が腕《うで》を競う、技能選手権《ぎのうせんしゅけん》へでてみないか？」

それは、「全国ビルクリーニング技能競技《ぎのうきょうぎ》会《かい》」でした。全国から選出されたビル清掃《せいそう》のプロたちが、床《ゆか》のクリーニングの技術《ぎじゅつ》と能力《のうりょく》を競って最強王者を決める大会です。

■ これが、全国ビルクリーニング技能競技会《ぎのうきょうぎかい》！

全国ビルメンテナンス協会が２年に１度開催《かいさい》するイベント。全国の数万人いる技能士《ぎのうし》を代表して、９地区18人が、机《つくえ》といすのおかれた４×５ｍのスペースで、洗浄《せんじょう》とワックスがけの技能《ぎのう》を競う。

ダスターでゴミをとりのぞく。

ポリッシャーで床《ゆか》面を洗《あら》う。

バキュームで洗浄液《せんじょうえき》をとりのぞく。

モップで２回ふきあげ、乾燥機《かんそうき》で乾かす。

ワックスをぬり、送風機で乾燥《かんそう》させるなどのできばえを競う。

新津春子《にいつはるこ》

東京地区予選の日、腕《うで》に自信のあった新津《にいつ》さんは、自分は絶対《ぜったい》に1位で通過《つうか》できると思っていました。

ところが、結果は2位。全国大会にはでられるけれど、新津《にいつ》さんは納得《なっとく》がいきません。

「いったい自分に何が足りないっていうんだろう」

すっかり落ちこんでいたある日、鈴木《すずき》さんは新津《にいつ》さんの清掃《せいそう》の手を止めさせ、こう言ったのです。

「心に余裕《よゆう》がなければ、いい清掃《せいそう》はできませんよ」

新津《にいつ》さんは、そのことばにはっとしました。

「余裕《よゆう》がないと、相手にやさしさがだせないでしょう。自分はきれいに清掃《せいそう》した。それではただの自己《じこ》満足です。じゃあ、だれが判断《はんだん》をするの？　お客さんは、そんな清掃《せいそう》をきれいだと思いますか？」

そのことばに、鈴木《すずき》さんから言われ続けてきた「心をこめる」という意味が、はじめてわかった気がしたのです。

清掃《せいそう》は、やさしさ

それまで新津《にいつ》さんは、「担当《たんとう》している場所さえきれいにできれば、それでいい」と思っていました。自分のペースで効率的《こうりつてき》に仕事をすることばかり考え、そのためには、お客さんをじゃまだと感じたことさえあったのです。

でも、それはまちがっていたと新津《にいつ》さんは気づきました。

「清掃《せいそう》でだいじなのは清掃《せいそう》のテクニックだけじゃない。その場を利用する人を思いやることなんだ！」

利用者のじゃまにならないようにふるまい、人の見えない場所のよごれやにおいにまで気を配る思いやりがだいじなんだと気づかされたのです。

それから2か月、新津《にいつ》さんは、鈴木《すずき》さんと特訓を重ねました。やがてのぞんだ技能競技会《ぎのうきょうぎかい》の全国大会。新津《にいつ》さんはみごと優勝《ゆうしょう》し、日本一に輝《かがや》きました。

この優勝《ゆうしょう》を一刻《いっこく》も早く知らせるため、鈴木《すずき》さんに電話をすると、返ってきたのは

心をこめて、あたり前の日常《にちじょう》を…

新津春子《にいつはるこ》

意外なことばでした。

「優勝《ゆうしょう》するのは、わかっていましたよ。そこまでがんばってやっていること、わかっていたから」

思いもしなかった鈴木《すずき》さんのことばに、新津《にいつ》さんは涙《なみだ》をおさえることができませんでした。

生まれてはじめて本当に人にみとめられた。それも、みとめて欲《ほ》しいと願い続けた鈴木《すずき》さんに、ほめてもらったのです。

それから間もなく、新津《にいつ》さんは、ひとつの変化に気づきました。

心をこめて清掃《せいそう》をするようになったら、その場を利用する人からことばがかけられるようになったのです。

「ごくろうさま」「きれいですね」と。

「大切なのはやさしい気持ち。心をこめないと、きれいにできない。心をこめれば、いろんなことも思いつく。つかう人のためにどこまでできるかということをいつも考えて、心をこめてやっていこう!」

見た目のきれいさだけではなく、ロビーで座《すわ》りこんでしまう子どもを思いやるように、安心や安全まで気を配って清掃《せいそう》に向き合う新津《にいつ》さん。これが、彼女《かのじょ》の大切にしている流儀《りゅうぎ》です。

新津《にいつ》さんは、ようやく見つけました。

これしかできずにはじめた仕事でしたが、清掃《せいそう》こそが、新津《にいつ》さんがずっと探《さが》し求めてきた「自分の居場所《いばしょ》」だったのです。

新津《にいつ》さんの運命を変えた恩師《おんし》鈴木優《すずきまさる》さんは、すでに亡《な》くなりました。

新津《にいつ》さんはその遺志《いし》を受《う》け継《つ》いで、後輩《こうはい》の清掃員《せいそういん》たちの指導《しどう》に当たっています。やさしく、ときにきびしく指導《しどう》する中で、新津《にいつ》さんは、命令にしたがってやるのではなく、本人がどう感じたかを大切にしています。

「感じたことを、心をこめてやってくれれば、いちばんうれしい。わたしが10個《こ》教えて、後輩《こうはい》たちが1個《こ》でもおぼえてくれたら、それだけでうれしい」

そして、いつもそばに鈴木《すずき》さんを感じています。

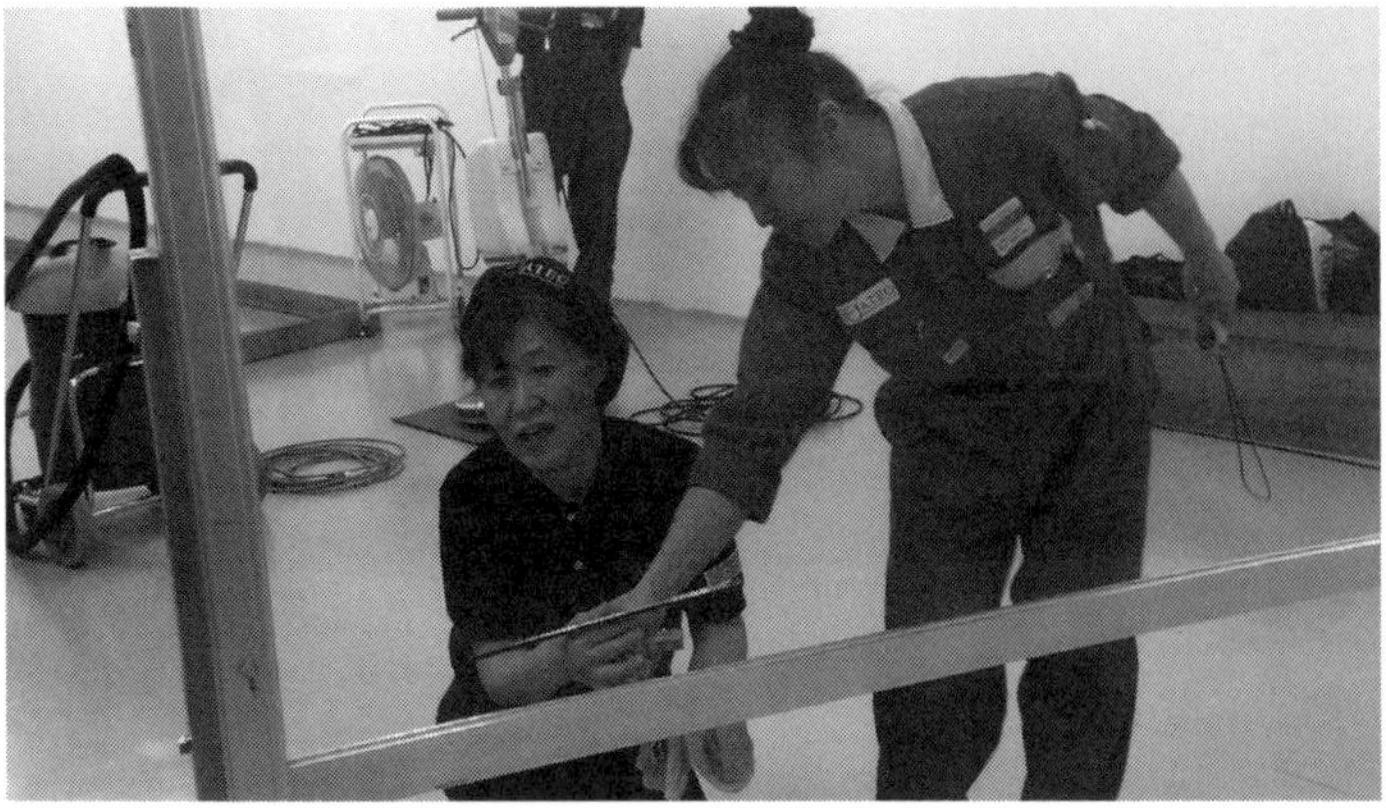

社内には、資格《しかく》試験の練習用のコートが設置《せっち》されている。

「鈴木《すずき》さんは、わたしの心の中にいる。守ってくれていると思う。たぶん、『まだがんばれよ！』って言っていると思うの」

新津《にいつ》さんたち清掃《せいそう》スタッフの努力で、羽田《はねだ》空港《くうこう》は国際的な評価を受け、世界一清潔《せいけつ》な空港の座《ざ》を、２年連続で受賞したのです。

＊＊＊

「閉館《へいかん》いたします。どうぞご了承《りょうしょう》ください」

空港内にアナウンスがひびいた深夜。

静まり返ったロビーに、脚立《きゃたつ》に乗って天井《てんじょう》のほこりをはらう、新津《にいつ》さんの姿《すがた》がありました。今日は、月に2度ほど担当《たんとう》する夜間清掃《せいそう》の日。利用者のいる日中にはできない場所を、徹底的《てっていてき》に清掃《せいそう》するのです。

「オッケー」

天井《てんじょう》の清掃《せいそう》を終えると、新津《にいつ》さんはある場所へと向かいました。

そこは多目的トイレ。体の不自由な人や高齢者《こうれいしゃ》、子ども連れの人などに便利な、設備《せつび》のととのった広いトイレです。

担当《たんとう》スタッフから「どうしてもよごれが落ちない」と、報告《ほうこく》が上がっていたのです。

「床《ゆか》のよごれがまだらになっているね。全体に黒ずんでる」

トイレは、空港の中でも多くの人が利用し、よごれやすい場所です。清掃員《せいそういん》にとっては最大の難所《なんしょ》ですが、中でも多目的トイレは、一般《いっぱん》のトイレとようすがちがい、さらにむずかしいのです。

一般《いっぱん》のトイレの床《ゆか》は平らですが、多目的トイレの床《ゆか》は、安全につかえるように、細かな凹凸《おうとつ》がほどこされて、足がすべりにくくできています。そのすき間に、よごれが黒ずみとなってこびりついてしまうのです。

担当者《たんとうしゃ》が音を上げたそのよごれに、新津《にいつ》さんは、今夜ひとりで向き合うと決めていました。ひとつのアイデアがあったのです。

「たぶん、これが向いているんじゃないかな……」

とりだしたのは、とても細かい毛がついた、清掃《せいそう》用のパッドでした。目の不自由な人を誘導《ゆうどう》する点字ブロックの清掃《せいそう》につかっていたものを、応用《おうよう》できるのではないかと考えました。

「実験してみよう。どうかな」

深夜1時半、新津《にいつ》さんは作業をはじめました。まず、弱いアルカリ洗剤《せんざい》をモップにふくませ、床《ゆか》全体に塗《ぬ》っていきます。強い洗剤《せんざい》をつかうと、床《ゆか》の補修《ほしゅう》につかわれているパテまでがとれてしまうからです。

次に、ポリッシャーとよばれる機械をセットしはじめました。ポリッシャーは、モーターの力で円形のブラシなどを回転させて、床《ゆか》をみがく機械です。そこに、先ほどの毛のついたパッドを装着《そうちゃく》することにしました。

スイッチを入れると、ポリッシャーはなめらかに動いて、洗剤《せんざい》の塗《ぬ》られた床《ゆか》をみがきはじめました。

「おー、すごーい！　いいかも、いいかも！　オッケー！」

新津《にいつ》さんは、読みが当たって大喜び。思わず声を上げました。機械の動きも安定し、床《ゆか》のよごれはみるみる落ちて、よごれがまざった黒い泡《あわ》が、脇《わき》へとおしだされていきます。

「だいじょうぶみたい！　よかった！」

床《ゆか》の色は先ほどまでとは大ちがい。みごとに本来の色をとりもどしました。

ところが新津《にいつ》さんは、まだ仕事をやめません。床《ゆか》の清掃《せいそう》をしながら、壁《かべ》についた1本の線のような黒いよごれに、気がついていたのです。

よごれのプロの新津《にいつ》さんが見ても、なんのよ

■ 新津《にいつ》さんがくふうしたパッドつきポリッシャー

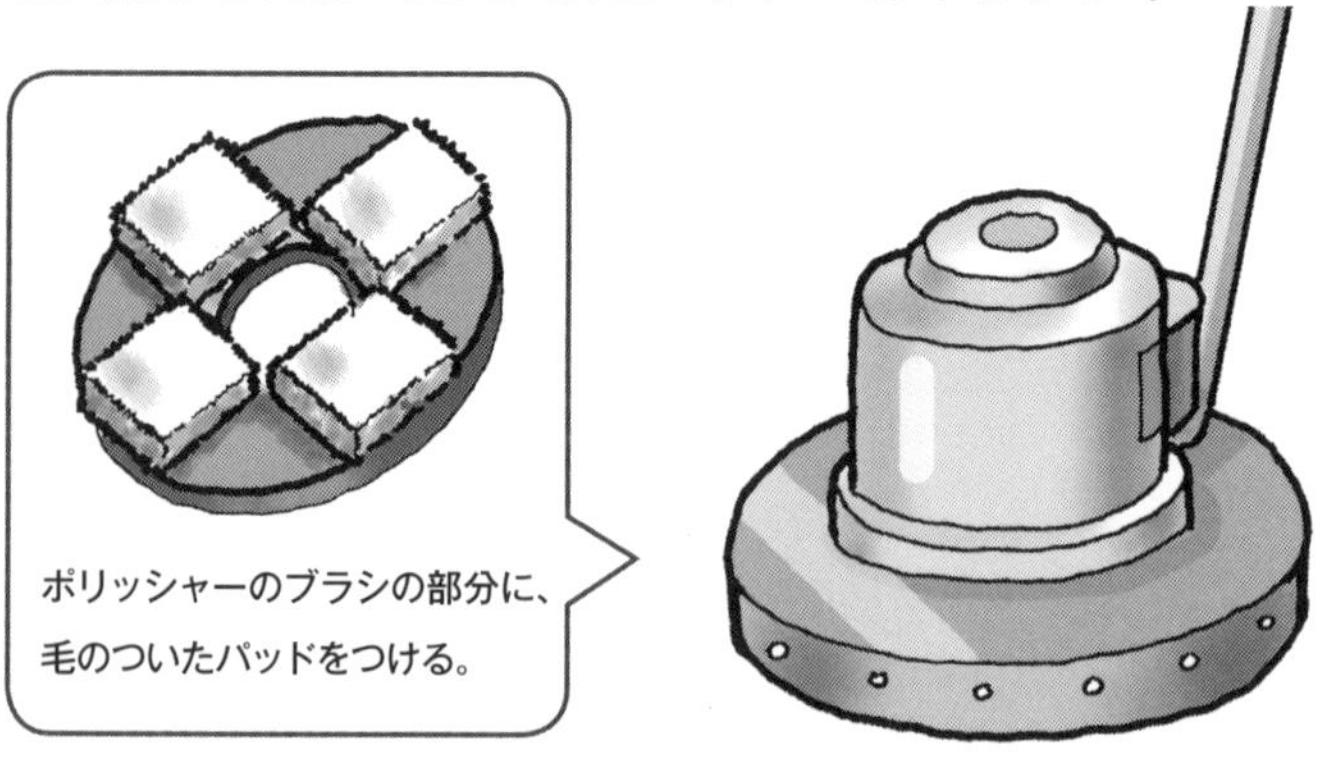
ポリッシャーのブラシの部分に、
毛のついたパッドをつける。

ごれか原因《げんいん》がわかりません。
時刻《じこく》は午前3時。朝、空港が開くまで、あと2時間しかありません。新津《にいつ》さんは
それでも、腰《こし》をすえてこのよごれと向き合うことにしました。
「落ちていないね。壁紙《かべがみ》がざらざらだから、洗剤《せんざい》がなかなか入っていかないなぁ」
洗剤《せんざい》や道具を変えながら、たったひとつのよごれを、地道にこすり続けます。
「できないなんて、くやしい。掃除屋《そうじや》だもん！」
流しの下のきゅうくつな場所で、しゃがんだ姿勢《しせい》のまま、新津《にいつ》さんは自分に言い
聞かせるように小声でつぶやきながら、手をけっして止めません。
「もう少し。がんばって」
「もうちょっと落ちてくれないかな」
そんな新津《にいつ》さんにこたえるように、少しずつ、少しずつ、ゆっくり、ゆっくり、
よごれが小さくなっていきます。たゆまず手を動かしながら、新津《にいつ》さんの頭の中に
は、ひとつの思いしかありませんでした。
「このトイレきれい」「この空港きれい」と、お客さんに気持ちよく利用してもら

うこと。

この場所の清掃《せいそう》をだれがしたかなんて、新津《にいつ》さんにとって問題ではないのです。新津《にいつ》さんにとって仕事の現場《げんば》は、「自分の家」と同じです。訪《おとず》れる人を、心をこめてもてなしたい。この場所をつかう人々《ひとびと》にあたり前の日常《にちじょう》を届《とど》けたい。清潔《せいけつ》であることは、おもてなしの基本《きほん》です。新津《にいつ》さんは、いつもそのことに全力をつくしているのです。

「想いが……通じればね……」

朝4時すぎ。新津《にいつ》さんはていねいに壁《かべ》を乾《から》ぶきし、やっと立ち上がりました。

「よかった！　終わった！」

ついに、最後のよごれを落としきりました。

「あとはお客様の判断《はんだん》。朝いちばんのお客様がドアをあけたとたんに、『えっ！』とおどろいていただけたらいいな！」

朝6時半、夜勤《やきん》を終えた新津《にいつ》さんは、最後に空港をもうひと回りしました。

心をこめて、あたり前の日常《にちじょう》を…

新津春子《にいつはるこ》

写真：日本空港テクノ株式会社

「お客様に気持ちよくつかってもらえたらいいな」

出発ロビーから外へ出ると、東の空に朝日が輝《かがや》いています。

「まぶしい」

思わず手をかざして目をつぶりましたが、その目はすぐに、出入り口付近の路上へと向けられました。

「あ、ごみ」

と拾った紙くずは、指の腹《はら》にかくれるほどの小さなもの。それでも、新津《にいつ》さんはけっして見のがしません。

かがんで、またかがんで、ひとつずつごみを拾っていく新津《にいつ》さんの脇《わき》を、バスや車からおりた人たちが、足早にターミナルの中へと入っていきます。

「空港を訪《おとず》れた人に、いい日でありますように、と願っています。幸せな一日になると思いますよ！」

新津《にいつ》さんは、満面の笑顔でそう言うと、また歩きはじめました。右を見て、左を見て、足元を見て、よごれはないかと気にかけながら。

世界一清潔《せいけつ》な空港で、今日もまた、あたり前の日常《にちじょう》がはじまろうとしています。

心をこめて、あたり前の日常《にちじょう》を…

新津春子《にいつはるこ》

プロフェッショナルとは

目標をもって日々《ひび》努力し、
どんな仕事でも、
心をこめてできる人だと思います。

第266回2015年6月1日放送

こんなところがプロフェッショナル！

清掃《せいそう》の仕事をつきつめた新津春子《にいつはるこ》さん。
こんなところがすごいよ。

「環境《かんきょう》マイスター」という肩書《かたが》き

新津《にいつ》さんは現在《げんざい》、社内でただひとりの「環境《かんきょう》マイスター」という立場で活動しています。清掃《せいそう》スタッフへの清掃《せいそう》に関する心のこもった技術《ぎじゅつ》指導《しどう》や後継者《こうけいしゃ》の育成、ハウスクリーニング協会の講師《こうし》などもおこない、清掃《せいそう》業界のために力をつくしています。職人《しょくにん》を超《こ》えた"匠《たくみ》"という意味の「マイスター」ということばは、清掃《せいそう》のことを知りつくした新津《にいつ》さんにぴったりです。

ご飯は、仲間といっしょ！

昼休みにはいつも、同僚《どうりょう》といっしょにご飯を食べるようにしています。仕事中のお客さんへの気配りだけでなく、休憩《きゅうけい》時間に仕事仲間も気づかう新津《にいつ》さんの姿勢《しせい》は、まさにプロフェッショナル！

朝・昼・夜の体力づくり

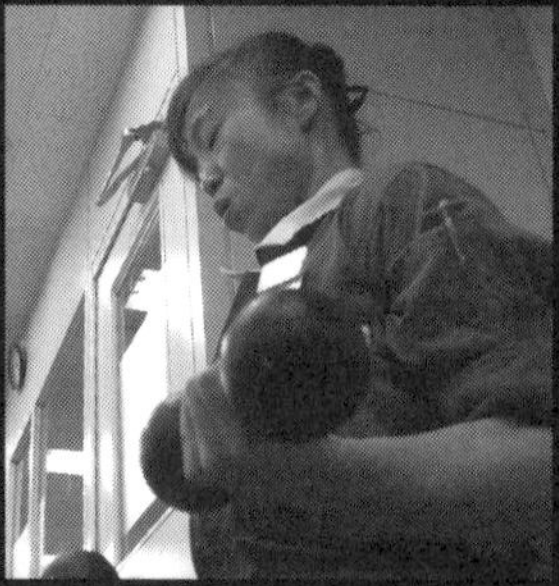

清掃《せいそう》という力仕事をこなすためには、毎日の体力づくりが欠かせません。小がらで細身な新津《にいつ》さんは、5キロの鉄アレイをふたつつかって、1日3回、20分以上のトレーニングをしています。

80種類以上の洗剤《せんざい》・50種類もの道具！

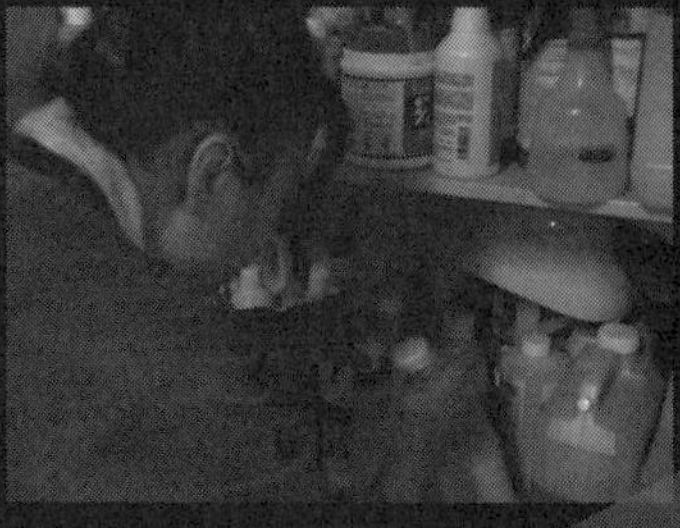

どんなよごれでもきれいに落とすだけではなく、素材《そざい》を長持ちさせるために、多種多様な80種類以上の洗剤《せんざい》や、50種類もの道具をつかい分けています。道具の中には、自らが開発にたずさわったものもあります。

プロフェッショナルの格《かく》言《げん》

清掃《せいそう》のプロ、新《にい》津《つ》春《はる》子《こ》さんのことばを心にきざもう。

清掃《せいそう》を超《こ》えた、職人《しょくにん》の仕事と思っている

新津《にいつ》さんにとっての清掃《せいそう》とは、ただ見える部分をきれいにすることではありません。目に見えない部分でも、気がつくところはすべて徹底的《てっていてき》にきれいにするのです。

大切なのはやさしい気持ち

清掃《せいそう》に大切なのは、やさしい気持ちと語る新津《にいつ》さん。その場を利用する人の気持ちをやさしく思いやることで、いろいろなことに気がつき、気を配る清掃《せいそう》ができるようになるのです。

仕事の現場《げんば》は「自分の家」と同じ

清掃《せいそう》こそが自分の「居場所《いばしょ》」と言う新津《にいつ》さん。訪《おとず》れる人に心からおもてなしするため、新津《にいつ》さんは仕事場所を「自分の家」だと思って、全力をつくします。

写真：日本空港テクノ株式会社

誇《ほこ》りをかけて、思い出を洗《あら》う

クリーニング師《し》

古《ふる》田《た》武《たけし》

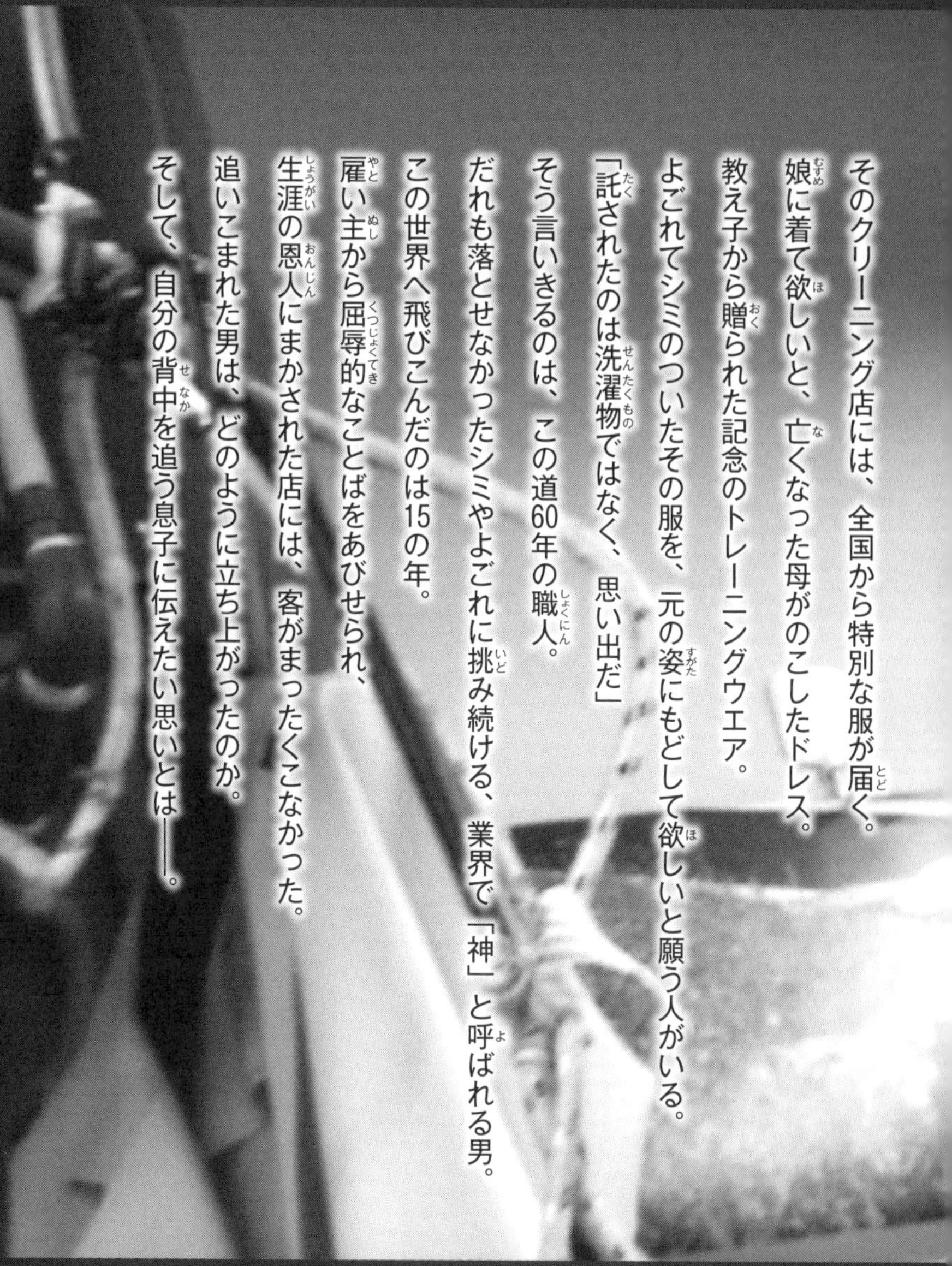

そのクリーニング店には、全国から特別な服が届《とど》く。
娘《むすめ》に着て欲《ほ》しいと、亡《な》くなった母がのこしたドレス。
教え子から贈《おく》られた記念のトレーニングウエア。
よごれてシミのついたその服を、元の姿《すがた》にもどして欲《ほ》しいと願う人がいる。
「託《たく》されたのは洗濯物《せんたくもの》ではなく、思い出だ」
そう言いきるのは、この道60年の職人《しょくにん》。
だれも落とせなかったシミやよごれに挑《いど》み続ける、業界で「神」と呼《よ》ばれる男。
この世界へ飛びこんだのは15の年。
雇《やと》い主《ぬし》から屈辱的《くつじょくてき》なことばをあびせられ、
生涯《しょうがい》の恩人《おんじん》にまかされた店には、客がまったくこなかった。
追いこまれた男は、どのように立ち上がったのか。
そして、自分の背中《せなか》を追う息子に伝えたい思いとは――。

✴クリーニングの〝神〟

東京都港区南麻布《とうきょうとみなとくみなみあざぶ》のとあるクリーニング店。早朝、まだ開店前の店から、店主がでてきました。クリーニング師《し》の古田武《ふるたたけし》さんです。

「おはよう！」

店の脇《わき》の道に立つと、古田《ふるた》さんは通学途中《とちゅう》の小学生に声をかけました。

「おはようございます」

男の子は、まだ少し眠《ねむ》そうです。

「元気？　行ってらっしゃい」

男の子の手にやさしくタッチしました。

続けてランドセルをゆらして走ってきたのは、笑顔の男の子です。

「おっはよう！」

「おはようございます！」

この子ともハイタッチ。さらに女の子ふたりにも。

お店の前で、子どもたちの登校を見守る古田《ふるた》さん。

通学する小学生に声をかけるのは、古田《ふるた》さんの日課です。雨の日も雪の日も、かがんで子どもと目をあわせ、一人ひとりにていねいにあいさつをします。

校長先生からお礼を言われたこともありますが、古田《ふるた》さんはこうこたえました。

「子どもたちを見ていると、こちらが元気をもらいますよ」

でも、子どもたちは知りません。「町のやさしいおじさん」が、クリーニング業界では〝神〟とよばれるほどの存在《そんざい》だということを。

古田《ふるた》さんの店には、その腕《うで》をたよって、

連日全国から大量の服が送られてきます。個人客《こじんきゃく》はもとより、ほかのクリーニング店からも依頼《いらい》があります。服のつまった段《だん》ボール箱がいくつも届《とど》く光景は、一般《いっぱん》のクリーニング店では見ることがないでしょう。

店の作業場には、洗《あら》うのがむずかしい高級ブランド品がずらり。中には値段《ねだん》が100万円を超《こ》えるような注文服も少なくありません。古田《ふるた》さんはそれらの服を、店につとめる30人の職人《しょくにん》とともに、さまざまな技術《ぎじゅつ》で美しくよみがえらせてしまうのです。

✳思い出を洗《あら》う

その日古田《ふるた》さんは、あるカーディガンに取り組んでいました。レモンイエローに薄《うす》い水色の縁《ふち》どりが美しいカーディガンですが、あちこちに茶色っぽい小さなシミが目立ちます。

「この人の服にシミがいっぱいついちゃうのは、しょうがないんだ……」

誇《ほこ》りをかけて、思い出を洗《あら》う

古田武《ふるたたけし》

そうつぶやく古田《ふるた》さん。どうやら服の持ち主を知っているようです。

依頼《いらい》したのは、30年来のつきあいだという女性《じょせい》でした。カーディガンの素材《そざい》は「カシミア」。カシミアヤギという動物の毛で織《お》られた、やわらかく温かな生地です。

「これは食べこぼしだね。アンモニアと石けんで落ちるだろう」

店には、シミぬきのために50種類もの薬剤《やくざい》が用意されています。服についたシミは、その状況《じょうきょう》によってとりのぞく方法がちがうからです。

落ちやすいシミなら、アンモニアなど

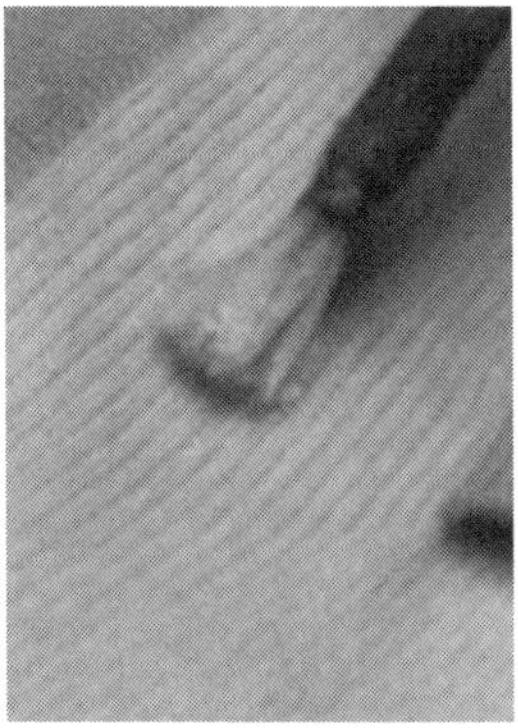

カシミヤにやさしく薬をしみこませる古田《ふるた》さん。

シミぬきにつかう50種類の薬剤《やくざい》。シミの種類によって、つかい分ける。

の一般的《いっぱんてき》な薬剤《やくざい》をつかいます。薬剤《やくざい》がシミを包みこむので、そこに水を吹《ふ》きつければ、水流に乗って繊維《せんい》からかんたんにひきはなすことができます。

けれど、シミの成分がねばりつく性質《せいしつ》で、繊維《せんい》にくっついてはなれない場合は、水には流れていきません。そのときは、シミの成分を、分子とよばれる小さな粒《つぶ》に分解《ぶんかい》する薬剤《やくざい》を用います。そうすると水に溶《と》けやすくなるからです。

それでも落ちないときは、さらに強力な薬剤《やくざい》をつかい、シミを、分子よりも細かい「イオン」という状態《じょうたい》にまでばらばらにしてから落とします。

ただ、薬剤《やくざい》は強力になるほど服の繊維《せんい》も傷《きず》つけてしまいます。シミぬき作業でだいじなのは、シミの原因《げんいん》を正確《せいかく》に見ぬいて、もっとも適《てき》した薬剤《やくざい》や手法を選ぶことなのです。

古田《ふるた》さんは、カーディガンを広げると、小さなシミにアンモニアをつけ、その上を石けんでそっとふれ、さらに水を吹《ふ》きつけました。

「落ちた、落ちた」

読み通り、シミはどれもたやすく消えていきました。ところが、

誇《ほこ》りをかけて、思い出を洗《あら》う

古田武《ふるたたけし》

「ん？　これ落ちないじゃん。ほかのは全部落ちたのに」

ポケット脇《わき》のシミだけがアンモニアに反応《はんのう》しません。古田《ふるた》さんは別の作業をしているスタッフに声をかけました。

「なっちゃんのとこに、過炭酸《かたんさん》ある？」

「ああ、まだつくってないです」

過炭酸《かたんさん》とは、「過炭酸《かたんさん》ナトリウム」。市販《しはん》の酸素系漂白剤《さんそけいひょうはくざい》にもつかわれている薬剤《やくざい》です。水にとけると、がんこなシミの分子を、イオンに分解《ぶんかい》する力を発揮《はっき》します。

古田《ふるた》さんは、その薬剤《やくざい》をつくりはじめました。

「このシミだけ古いみたい……。時間がたって、だいぶ酸化《さんか》してるんだな」

そうつぶやき、古田《ふるた》さんはシミに過炭酸《かたんさん》ナトリウムを塗《ぬ》り、水を吹《ふ》きつけました。

そして、その場所に温風を当て、イオンに分解《ぶんかい》する反応《はんのう》がおきやすい温度まで、繊《せん》維《い》を傷《きず》つけないように慎重《しんちょう》に温めました。

「よし、完璧《かんぺき》！　次は水洗《みずあら》い」

どんな小さなシミやよごれにも、真正面から向き合う古田《ふるた》さん。胸《むね》には、ひとつの誇《ほこ》りをもっているのです。

〝思い出〟を、託《たく》されている

洗剤《せんざい》を入れた水で、カーディガンを泳がせるようにていねいに洗《あら》いながら、古田《ふるた》さんは心の片《かた》すみで、持ち主のことを考えていました。

そのカーディガンは、女性《じょせい》が20年前に夫からプレゼントされたものなのです。その夫はいま、寝《ね》たきりの生活が続いています。女性《じょせい》は思い出のこのカーディガンをいつも着て、介護《かいご》を続けているのです。

「ブランド品は高級品じゃないんだよ。あれは高額品《こうがくひん》。高級品っていうのは、思い入れがあって、だいじにしてるものを言うんだ」

古田《ふるた》さんは、店のスタッフにいつもそう言っています。

「われわれはその思い出を託《たく》されて、手入れさせてもらってるんだ。だから、それは〝洗濯物《せんたくもの》〟じゃないんだよ」

古田《ふるた》さんは、洗《あら》い終えたカーディガンにアイロンがけをはじめました。アイロン

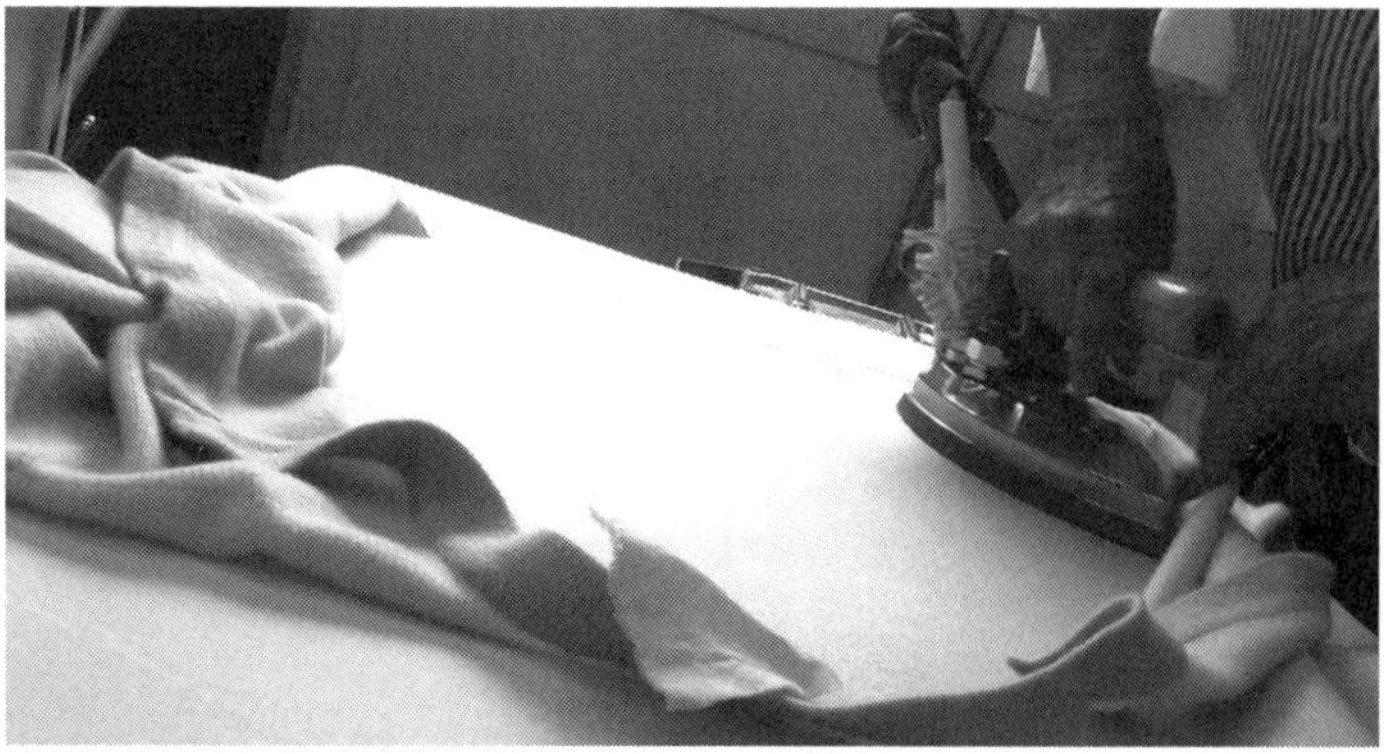

持ち主を思い、ていねいにアイロンをかける古田《ふるた》さん。

の重さは3キロ。それを、服からわずかに浮《う》かせてかけていきます。片手《かたて》でもつのは相当重いはずですが、古田《ふるた》さんはカーディガンの毛先をなでるように、ぎりぎりの間隔《かんかく》をあけてアイロンをすべらせます。

そうしてついにカーディガンは、輝《かがや》くようなつやをとりもどしました。それは、20年着続けてきたとは思えないほど新品同様の風合いでした。

✳技《わざ》は心

古田《ふるた》さんのこだわりは型破《かたやぶ》りです。古田《ふるた》さんは、洗濯表示《せんたくひょうじ》のタグにドライクリーニングしかできないと書かれているジャケットでも、迷《まよ》わず水につけてしまいます。そのようすをはじめて見る弟子《でし》は、おどろきをかくせません。

「たまったあかやほこりは、ドライクリーニングでは落としきれないんだよ。ほら、こんなによごれがでてきた」

ジャケットがつかった水は、みるみる真っ黒になっていきます。

「ドライクリーニングを5、6回やると。こうなっちゃうんだ」

でも、水を吸《す》った繊維《せんい》は縮《ちぢ》み、服の形がゆがむ「型くずれ」をおこしてしまいます。

そこで古田《ふるた》さんは、「人体プレス」という、人の形をした特殊《とくしゅ》な機械をつかいます。脱《だっ》水《すい》したジャケットをその機械に着せ、中から蒸気《じょうき》を当てるという仕組みで、縮《ちぢ》んだ繊《せん》維《い》を元の状態《じょうたい》にのばすのです。

アイロンは、上から熱を加えるので平面

ジャケットの内側から蒸気《じょうき》が出る人体プレス。

に仕上がりますが、この機械なら、服に立体的にアイロンをかけることができます。

「はい終わり〜。上がりましたー」

ジャケットは、売りもののようによみがえりました。

美しい仕上がりのためには、あらゆる手段《しゅだん》をつくし手間をおしまない。その姿勢《しせい》を、古田《ふるた》さんは店のスタッフにも徹底《てってい》しています。

この日、職人《しょくにん》たちはむずかしい仕事に取り組んでいました。それは、胸元《むなもと》にひらひらとしたフリルのついたブラウス。でも実はそのフリル、もともとは細かいひだが無数についたプリーツだったのです。

「まちがって、プリーツを平らにしてしまった。復元《ふくげん》してもらえないか」

ほかのクリーニング店からの依頼《いらい》でした。

店には、一般《いっぱん》のクリーニング店にはいない裁縫担当《さいほうたんとう》の職人《しょくにん》がいます。その人がまず、すべてのプリーツにミリ単位で糸を縫《ぬ》いつけ、折り目の目印をつけました。その数、なんと１１６本。その目印をもとに、別の職人《しょくにん》がアイロンをかけ、消えてい

店に届《とど》いたブラウス。胸元《むなもと》にフリルがついている。

復元《ふくげん》したブラウス。胸元《むなもと》のフリルはプリーツにもどった。

たプリーツを1本1本よみがえらせます。すべて復元《ふくげん》するまで、2日がかりの作業でした。

「技《わざ》は心」

これが古田《ふるた》さんの口ぐせです。

「『こんなところにシミがあったらいやだろうな』とか『もっときれいにしてあげたい』とか、そう思うことが、技術《ぎじゅつ》の向上につながるんだ。思いやりのないやつの仕事っていうのは、感動しない。お客さんは、満足してくれているかもしれないけれど、感動はしてくれないんだよ」

その日、また一件《けん》、古田《ふるた》さんに助けを求める依頼《いらい》がありました。

誇《ほこ》りをかけて、思い出を洗《あら》う

古田武《ふるたたけし》

店を訪《たず》ねたのは、大手デパートの婦人服担当《ふじんふくたんとう》の男性《だんせい》です。紙袋《かみぶくろ》から、服と有名ブランドのバッグをとりだしました。

「うちで販売《はんばい》した服の染料《せんりょう》が、お客様のバッグや服に色移《いろうつ》りしてしまったんです」

見ると、バッグの側面とシャツとズボンの腰《こし》のあたりに、何やら黒ずんだシミが広範《こうはん》囲《い》についています。

「これが、原因《げんいん》になった服ですか？」

古田《ふるた》さんは、担当者《たんとうしゃ》がだしたブラウスも広げてみました。そのブルーグレーの染《せん》料《りょう》が、ともに身につけていたバッグと服に色移《いろうつ》りしてしまったのです。

「なんとか元にもどせないでしょうか？」

「やってみます。どうぞおかけになっておまちください」

古田《ふるた》さんはそう言うと、預《あず》かったものを一式かかえて、作業場へひっこみました。

さっそく薬剤《やくざい》をしみこませた布《ぬの》でふき、変化があるかシミの性質《せいしつ》を探《さぐ》ってみます。

いくつかの薬剤《やくざい》をためしましたが、うすまる気配すらありません。

「いま、４種類ぐらいやってみたんだけど、シミが動かないんです」

古田《ふるた》さんは、客の元へもどって現状《げんじょう》を説明しました。

「外国の製品《せいひん》は、どういう染料《せんりょう》をつかっているかわからないんですね。だから、そのシミをとかす薬品も、いまのところわからない。いろいろやってみないとね」

生地がいたむ可能性《かのうせい》も説明した上で、古田《ふるた》さんはそのしみぬきをひき受けることにしました。

まず、色移《いろうつ》りの原因《げんいん》となったブラウスを調べます。すそに石けんをつけてこすってみると、

「おおー、こんなに落ちる」

ブラウスの色が、そこだけうすくなりました。

「こんなに色が落ちるのに、なんでくっついちゃった色は落ちないいんだ?」

古田《ふるた》さんは首をかしげながら、こんどは、シャツについたシミを調べはじめました。これまでに経験《けいけん》のない色ジミです。考えつく薬剤《やくざい》をためすしかありません。

染料《せんりょう》に金属《きんぞく》がふくまれているのではないかと考えた古田《ふるた》さんは、金属《きんぞく》をとかす薬《やく》

剤《ざい》を塗《ぬ》ってみました。

「いやーしつこいな、こいつは。いったいどんな染料《せんりょう》つかってんだよ……」

色ジミはいっこうにぬけません。でも古田《ふるた》さんはあきらめません。「できない」とは言いたくないのです。「なんとかする方法はきっとある」。古田《ふるた》さんはいつもそう考えて、仕事に取り組んでいます。

「できなくて面倒《めんどう》なものをもってこられるんだから、それから逃《に》げたら楽なものばかりやることになる。楽なものばかりやっていたら、おれの存在価値《そんざいかち》なんて、何もないじゃないか」

古田《ふるた》さんは、ブラシをとりだし、色ジミをこすりはじめました。

「おお、とれたぞ！　そうか、そういうことか。なるほど」

何やらヒントをつかんだようです。古田《ふるた》さんは、バッグのシミにとりかかりました。

「水でもとけない。薬剤《やくざい》でもとけない。ところが摩擦《まさつ》するととれるわけだ」

未知の染料《せんりょう》ですが、薬剤《やくざい》とブラシの両面作戦ではじめて効果《こうか》が上がるとつかんだのです。

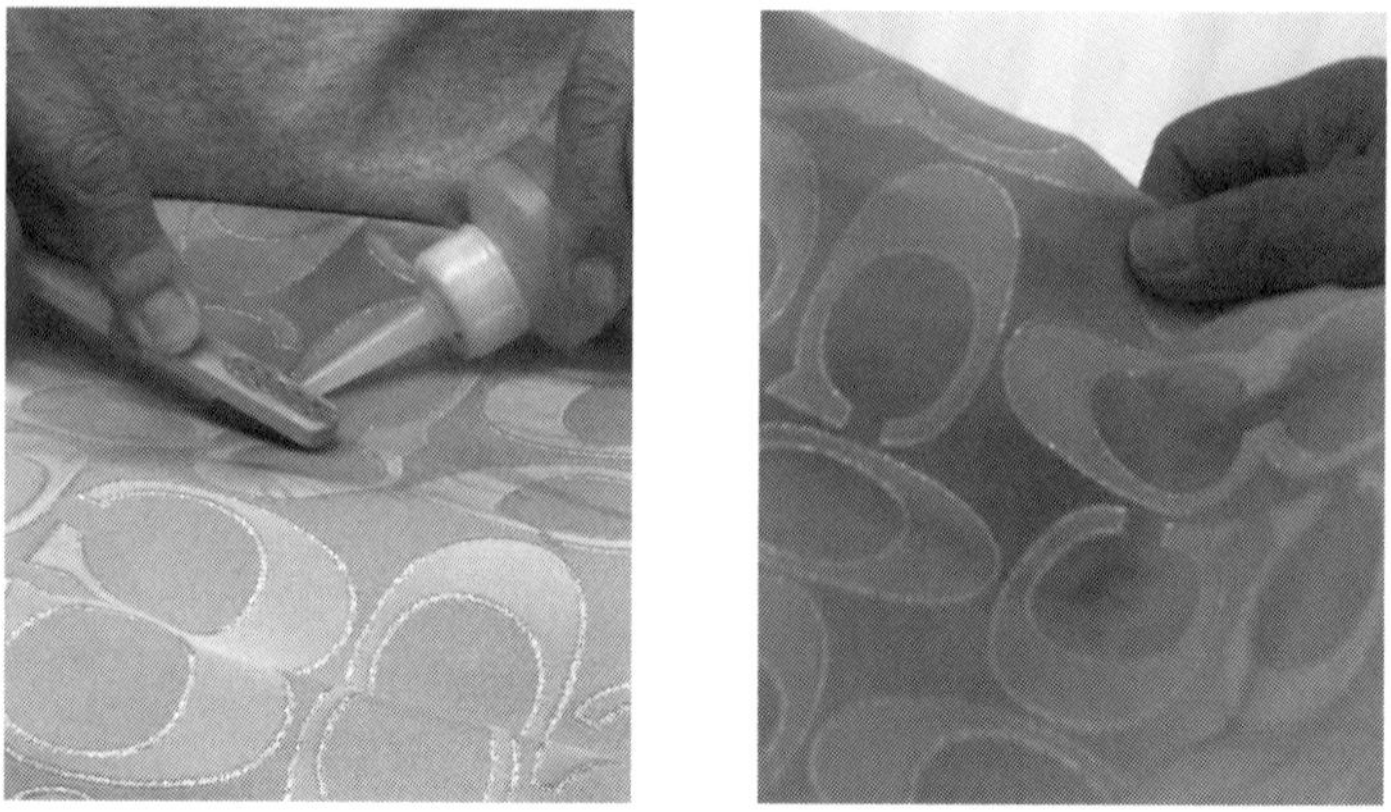

バッグのよごれ（右）。生地をいためないようぎりぎりの力でこする。

通常《つうじょう》、洗《あら》いもシミぬきも、「こする」という作業は、生地をいためるので禁《きん》じ手《て》です。古田《ふるた》さんはバッグの生地の強さを見きわめながら、ぎりぎりをせめました。

「おっ、とれるね！」

さらに洗剤《せんざい》を入れた水でバッグを水洗《みずあら》い。ここでもブラシでそっとこすりました。水を切り、乾燥《かんそう》させたバッグを点検《てんけん》します。

「これが限界《げんかい》だな。これ以上やると、今度はバッグの色がぬけてっちゃう」

作業前とくらべると、色ジミはほとんど目立たなくなっていました。

受けとりにきたデパートの担当者《たんとうしゃ》は、バッグと服の仕上がりを見て、とてもおどろきました。

「わあ、きれいに落ちていますね！　ほとんどわからない。よかった！」

✴誇《ほこ》りをかけた闘《たたか》い

5月末。この日、小学校の運動会に古田《ふるた》さんの姿《すがた》がありました。めずらしく仕事をぬけだし、孫の運動会のカメラマンを買ってでたのです。

元気に走る孫の姿《すがた》に目を細める古田《ふるた》さんですが、実は、我《わ》が子の運動会には、一度も足を運んだことがありません。働きづめで、日曜も祝日もなかったからです。

それは、自らの仕事への誇《ほこ》りをかけた闘《たたか》いの日々《ひび》でした。

古田《ふるた》さんは、昭和《しょうわ》14年、長野《ながの》県南部の山村に生まれました。

家が貧《まず》しかったため、生活費を稼《かせ》ごうと東京《とうきょう》へでたのは15歳《さい》のとき。葛飾《かつしか》区にあったクリーニング店につとめ、住みこみで修業《しゅぎょう》をはじめました。

3年がたったある日のこと。古田《ふるた》さんは配達の途中《とちゅう》に、お客さんから預《あず》かっていた服をうっかりなくしてしまいました。店にもどって主人に謝《あやま》ると、思わぬことばをあびせられたのです。

「質屋《しちや》に売ったな。いくらになった？」

古田《ふるた》さんはおどろきでことばを失いました。そして、猛烈《もうれつ》なくやしさにおそわれました。

「なぐられたりけとばされたりするなら、がまんできる。でも、信用されないのは、がまんできない。これじゃあ、おまえは泥棒《どろぼう》だと言われているのと同じだ！」

姉から借りたお金で服の代金を弁償《べんしょう》すると、古田《ふるた》さんはその店をやめました。

古田《ふるた》さんは、都内の別のクリーニング店に就職《しゅうしょく》をしました。

社長の小池武治《こいけたけじ》さんは、高い技術《ぎじゅつ》で業界でも評判《ひょうばん》の人でした。ほかの店が断《ことわ》るような服もひき受け、夜を徹《てっ》して洗《あら》い場《ば》に立ち、必ずシミを落としてみせます。

「ここで、仕事に打ちこもう！」

古田《ふるた》さんは再出発《さいしゅっぱつ》します。やがて結婚《けっこん》し、ふたりの子どもにもめぐまれ、充実《じゅうじつ》した人生を送るようになった古田《ふるた》さんは、小池《こいけ》さんの下《もと》で、よりいっそう技《わざ》をみがいていました。ところが、またもや屈辱的《くつじょくてき》なできごとが古田《ふるた》さんをおそいました。

客の家に仕上がった品を配達にでかけたとき、玄関《げんかん》をくぐると、こうどなられたのです。

「洗濯屋《せんたくや》のくせに、表から入るな！」

古田《ふるた》さんはくやしくて、それからとても落ちこみました。

「どれだけがんばっても、しょせんこの仕事はだれにも誇《ほこ》れないんだろうか……」

そんな古田《ふるた》さんに、社長の小池《こいけ》さんはひとつの提案《ていあん》をしました。

「アメリカのビバリーヒルズのクリーニング店を視察《しさつ》してみないか？」

それは古田《ふるた》さんの人生を変える経験《けいけん》でした。

そこは当時世界の最先端《さいせんたん》といわれたクリーニング店。あつかうのは数十万円もする服ばかりで、それらを圧倒的《あっとうてき》な技術《ぎじゅつ》で新品同様の風合いによみがえらせていました。店の顧客《こきゃく》はハリウッド女優《じょゆう》などセレブばかり。クリーニング職人《しょくにん》たちは人々《ひとびと》から尊敬《そんけい》を集めていました。

アメリカで世界の最先端《さいせんたん》のクリーニング技術《ぎじゅつ》にふれた古田《ふるた》さん。

目にする何もかもが自分の知っているクリーニングの世界と大ちがいです。

帰国した古田《ふるた》さんは、小池《こいけ》さんに願いでました。

「ぼくも、あんな仕事がしたいです！」

小池《こいけ》さんはその思いをくみ、新たに高級服専門《せんもん》のクリーニング店をオープンさせ、経営《けいえい》を古田《ふるた》さんにまかせました。でも、それこそが、本当のいばらの道のはじまりでした。

技術《ぎじゅつ》に見合った料金を設定《せってい》しましたが、客は「高い」と言って理解《りかい》してくれません。

「まったくお客様がこない。これじゃあ、どうにもならない……」

受付に雇《やと》った人のアルバイト代すら稼《かせ》げない日々《ひび》が続きました。そうして半年がたったある日、古田《ふるた》さんは、出入りの業者から思わぬことを聞かされます。

「社長の小池《こいけ》さん、うちへの支払《しはら》いを3か月もとどこおらせているんですよ」

「そんな⁉　それって……」

「こちらの店の赤字が原因《げんいん》みたいです」

古田《ふるた》さんはおどろいて、すぐさま小池《こいけ》さんのもとへかけつけました。

「申《もう》し訳《わけ》ありません。わたしのせいです！」

小池《こいけ》さんに迷惑《めいわく》はかけられない。古田《ふるた》さんは店の閉店《へいてん》も覚悟《かくご》しました。ところが小池《こいけ》さんは、うなだれる古田《ふるた》さんにこう言ったのです。

「君はまちがっていない。信じる道を行きなさい」

うれしくて、涙《なみだ》がこぼれました。

(小池《こいけ》さんはおれを信用してくれている……。絶対《ぜったい》に成功させなきゃならない！)

古田《ふるた》さんは決心しました。

「おれは、仕事の鬼《おに》になる！　シミぬき、洗《あら》い、アイロンがけ、どれもだれにも負けない圧倒的《あっとうてき》な仕事をする！」

それから古田《ふるた》さんは、くる日もくる日もクリーニングの仕事について研究を重ねました。重いアイロンを浮《う》かせてかけるために、右腕《みぎうで》に激痛《げきつう》が走るようになっても、けっして休みません。

「失敗したら生きていられない！」

そんな覚悟《かくご》で洗《あら》い場《ば》に立ち続け、これまで洗《あら》えないとされてきたシルクや毛皮などにも新たな手法を開発し、さらなる技術《ぎじゅつ》を求め続けました。

するとそのうち、ひとり、またひとりと客が増《ふ》えはじめたのです。

「よそでは絶対《ぜったい》とれないと言われたシミも、この店なら落としてくれる」

「しかも、服の素材《そざい》をだいじにして、買ったときと同じような状態《じょうたい》で返してくれる」

店に服を託《たく》した人から口コミで評判《ひょうばん》が広がり、むずかしい服の依頼《いらい》も次々《つぎつぎ》届《とど》くようになりました。

やがて6年目のこと、小池《こいけ》さんは古田《ふるた》さんにこう告げたのです。

「あの店は君が育てた店だ。だから、君にゆずろうと思う」

あれから30年、古田《ふるた》さんは小池《こいけ》さんとの日々《ひび》を、ひとときだってわすれたことはありません。

「自分もあんな人間になりたい」

そう思って、仕事や、店で働く職人《しょくにん》たちに向き合っています。

✴最後に伝えたいこと

「右側の肩《かた》が強烈《きょうれつ》にこるんですよ」

「ここですよね」と、医師《いし》はレントゲン写真を指さしています。6月のある日、古《ふる》田《た》さんは病院の整形外科を受診《じゅしん》していました。

古田《ふるた》さんは、重いアイロンをささえるなどして長年つかい続けたことで肩《かた》に爆弾《ばくだん》をかかえています。骨《ほね》にひびが入り、これまで2度も手術《しゅじゅつ》を受けてきました。

痛《いた》み止めの注射《ちゅうしゃ》を打ちながら仕事を続けていますが、近頃《ちかごろ》はアイロンをもつことすらままならない日もあります。

（そろそろあいつに仕事を託《たく》そうかな……）

74歳《さい》になった古田《ふるた》さんは、引退《いんたい》を考えはじめていました。頭にあるのは、ひとりの弟子《でし》。長男の陽祐《ようすけ》さんです。

古田《ふるた》さんの下《もと》で修業《しゅぎょう》をして20年。社長として店の切《き》り盛《も》りはすでにまかせていました。

「でも、陽祐《ようすけ》にはまだいちばん大切なことを教えていない。最後にあれだけは伝えておかなくちゃ……」

数日後、陽祐《ようすけ》さんは、客から預《あず》かった一着の服を点検《てんけん》していました。母の形見だという40年以上前のワンピースです。

レースの内側を、オーガンジーとよばれる極薄《ごくうす》の生地がおおっている複雑《ふくざつ》な構造《こうぞう》で、うすいクリーム色の生地に茶色いシミが30か所以上もあります。

「生地の劣化《れっか》も進んでいるなぁ。これはかなりむずかしそうだ」

古田《ふるた》さんも、そのワンピースを見てみました。

オーガンジーにおおわれた思い出のワンピース。

「これは古いね」

「お母さんの形見らしいんだ」

古田《ふるた》さんは、切れてしまっているオーガンジーを心配そうに見つめます。

「ここが切れるということは、汗《あせ》で酸化《さんか》して切れちゃっているっていうことだから、洗《あら》うともっと切れてくるよ。あんまり無理はしないほうがいいな」

陽祐《ようすけ》さんはそれを聞いて、このワンピースは古田《ふるた》さんに担当《たんとう》して欲《ほ》しいとたのみました。しかし古田《ふるた》さんはこうこたえました。

「正直やりたくない。社長がやるって言うんならいいけど。おれにやらせるっていうのはこまるよ」

断《ことわ》られた陽祐《ようすけ》さんは、意外な返事にびっくりです。陽祐《ようすけ》さんの技術力《ぎじゅつりょく》は、いまや父にひけをとりません。でも、むずかしい服の多くは、これまで父が受けもっていたのです。

陽祐《ようすけ》さんは、しかたなく自分で考えはじめました。

レースの部分だけとり外せば、そこはきれいにできます。でも、劣化《れっか》している本体は洗《あら》わずにレースをとりつけても客は納得《なっとく》しないでしょう。

「あ〜。でもな〜。失敗するかな……」

手法をあれこれ考えながら、陽祐《ようすけ》さんには父のことばもひっかかっていました。

「あれだけ言われちゃったら、おれもやりたくなくなっちゃう。あそこまでおどされるとさ」

ワンピースを依頼《いらい》したのは、母を亡《な》くしたばかりの姉妹で、「母が着ていた思い出があるので、自分たちが着られたらうれしい」と言っていました。

陽祐《ようすけ》さんは、ふたりの思いが胸《むね》にあるからこそ、ワンピースを前に悩《なや》むのです。

陽祐《ようすけ》さんは20年前、父の反対をおしきってこの道に入りました。仕事に没頭《ぼっとう》し、自分とは遊んでくれなかった父。それでも父が働く姿《すがた》にあこがれていました。本人には言いませんが、こう思っていたのです。

（おやじは、ふつうの人が絶対《ぜったい》やらないようなことをやって、成功して喜んでもらって、うれしがっている。そんな背中《せなか》を見て育ってきたから、おやじの存在《そんざい》は大きいよ）

「どうやってやろうかな」

シルク製《せい》のオーガンジー。ただでさえ繊細《せんさい》なあつかいが求められる素材《そざい》です。

「破《やぶ》れちゃってるもんね……」

悩《なや》んでも、なかなかこたえが見つかりません。

そんな陽祐《ようすけ》さんに、あえて声をかけない古田《ふるた》さん。そこにはこんな思いがありました。

こわさと向き合ってこそ、職人《しょくにん》

「なんでうちにもってきたのか。なんとか着たいからでしょ。ということは、期待

シミぬきの前日、夜遅《よるおそ》くまでワンピースを前にひとり悩《なや》む陽祐《ようすけ》さん。

をもっているわけだ。それをうらぎって『すいません』じゃすまない。そういうこわさをわかって欲《ほ》しい。わたしだって、逃《に》げられないからそこでいろいろ経験《けいけん》しておぼえてきた。これは、自分で体験してつらい思いをしないとわからないんだよ。教えてできることじゃないんだ」

古田《ふるた》さんは、その思いを陽祐《ようすけ》さんには告げませんでした。

その日、陽祐《ようすけ》さんは夜遅《よるおそ》くまで洗《あら》い場《ば》にのこっていました。明日、いよいよあのワンピースを洗《あら》います。

（こわいなぁ。『よしやってやるぞ』とは、正直思えない。でも……）

失敗の恐怖《きょうふ》とひとり向き合い続けながら、陽祐《ようすけ》さんの胸《むね》にはこんな思いもありました。

「負けたくはない！」

ついに勝負のシミぬきがはじまりました。選んだ薬剤《やくざい》を、まずは、服の目立たない場所でためしてみます。

「う～ん。オーガンジーの生地が先にだめになっちゃう」

シミは落ちましたが、薬剤《やくざい》をくり返し塗《ぬ》ると、オーガンジーが白く変色してしまいます。

「1回の塗《ぬ》りで、シミをぬききらなくちゃ」

陽祐《ようすけ》さんは、加える熱の温度に細心の注意をはらいながら、ひとつひとつ慎重《しんちょう》にシミを落としていきました。でも最後にひとつだけ、肩口《かたぐち》にむずかしいシミがのこりました。繊維《せんい》の奥深《おくぶか》くまで入りこんでいるシミのようです。

「ここがとれないと。これとれなきゃ意味ない。ここがいちばん目立つから……」

ところが、1回の処理《しょり》ではぬききれません。

陽祐《ようすけ》さんは、慎重《しんちょう》に、もう一度薬剤《やくざい》を塗《ぬ》りました。それでもわずかにシミがのこってしまったのです。これ以上やると、服をだいなしにしてしまうおそれもあります。

陽祐《ようすけ》さんは、そのシミをしばらくじっと見つめ、やがて力強く言いました。

「これがとれなきゃ！」

そして、店の給湯室へあるものを探《さが》しに行きました。それはつまようじでした。

（あと1、2滴《てき》だけ、薬剤《やくざい》をためそう。つまようじなら、ピンポイントで攻《せ》められる）

ようじの先端《せんたん》につけた薬剤《やくざい》を、1滴《てき》たらしました。さらに、もう1滴《てき》。

そうして陽祐《ようすけ》さんは、ついにそのシミをぬききったのです。

ワンピースをかかげて仕上がりを点検《てんけん》した陽祐《ようすけ》さんは、やっと笑顔を見せました。

（これでやめる）

そのときです。

「うまくいった？」

古田《ふるた》さんが、はじめてようすを見にきました。

「あとはアイロンかけるだけ」

きれいに生まれ変わったワンピースを持ち主に見せる陽祐《ようすけ》さん。

陽祐《ようすけ》さんがこたえると、古田《ふるた》さんはワンピースを真剣《しんけん》な目で確認《かくにん》しました。

「よかったよかった。うまくいった」

そして息子の顔は見ずに、こう言ったのです。

「これは最高でしょう！」


数日後、姉妹がワンピースを受けとりにやってきました。

「すごい！　すごくきれい！」

陽祐《ようすけ》さんは喜ぶふたりを前に、少し照れくさそうです。

「ありがとうございます。これでまた着ることができます」

「母も喜んでくれてると思います。なんか、ちょっと思いだしちゃいました」

思わずなみだぐむふたりを見て、陽祐《ようすけ》さんはうれしさでいっぱいになりました。

古田《ふるた》さんは、むずかしい仕事をやりきった陽祐《ようすけ》さんのことを、こう思っていました。

「あれはよくやったと思う。それに、おれがやらなくてよかった。お客様に喜んでもらえると、誇《ほこ》りがもてる。誇《ほこ》りをもてる仕事ができるっていうのは、幸せなことだからね」

今日も古田《ふるた》さんの店には、全国から服が届《とど》きます。

それは、依頼主《いらいぬし》の大切な思い出。「きれいになったらうれしい」。そう願う人々《ひとびと》のために、親子はこれからも、一着一着と向き合っていくのです。

プロフェッショナルとは

あくなきチャレンジかな、挑戦《ちょうせん》。自分の知らないことがいっぱいでてきたときに、なんとかそれを可能《かのう》にするための挑戦《ちょうせん》。挑戦《ちょうせん》していかないと、プロじゃなくなっちゃう。

第210回2013年9月2日放送

こんなところがプロフェッショナル！

どんなよごれも落とすクリーニングのプロ、古田武《ふるたたけし》さん。
そのほかにも、こんなところがすごいよ！

未知のよごれとの格闘《かくとう》を楽しむ

古田《ふるた》さんはいまでも、未知のよごれとの戦いを楽しんでいます。「よごれが落ちればこっちの勝ち。このシミ、オレの思うようになれ！」と思いながら、しつこくとれないシミを落とすそうです。

海外の技術者《ぎじゅつしゃ》に学びたい！

店が軌道《きどう》に乗ってからも、皮や毛皮の手入れについて知りたかった古田《ふるた》さんは、フランスやイギリスの技術者《ぎじゅつしゃ》に、つたない英語で手紙を書きました。1年以上送り続け、ようやく研修《けんしゅう》が実現《じつげん》したそうです。

あたりまえのことを徹底《てってい》する

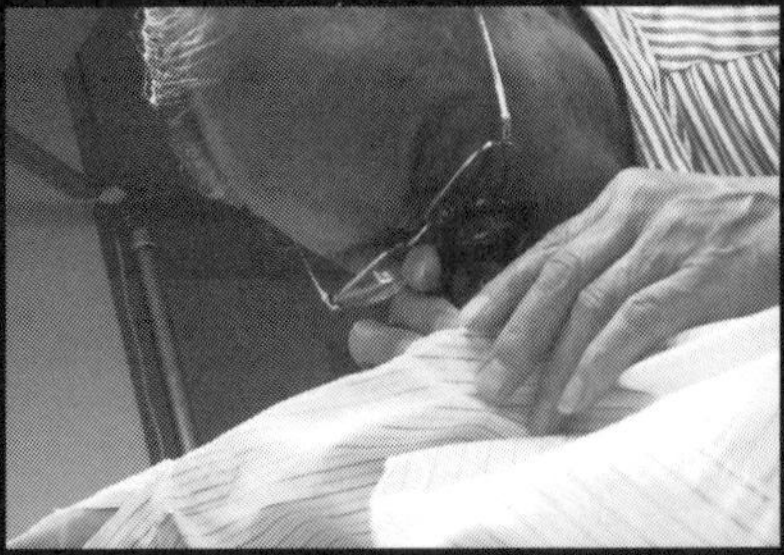

特別なことをしているわけではない。あたりまえのことを徹底《てってい》しているだけと古田《ふるた》さん。服のシミを落とすとき、ルーペで繊維《せんい》の1本1本まで確認《かくにん》してから落としたり、縮《ちぢ》みやすい服は洗《あら》う前にすべて計って記録をしておいたり……。いつもの作業を徹底《てってい》しておこないます。

お弟子《でし》さんは全国に

古田《ふるた》さんには、全国にお弟子《でし》さんがいます。お弟子《でし》さんは、古田《ふるた》さんの元で数年間修業《しゅぎょう》をし、その後独立《どくりつ》して自分の店をもっています。古田《ふるた》さんはお弟子《でし》さんにもできるだけいろいろなことを伝えたいと、いそがしい中時間をみつけ、たずね歩いています。

プロフェッショナルの格《かく》言《げん》

クリーニングのプロ、古《ふる》田《た》武《たけし》さんのことばを心にきざもう。

失敗をおそれていては成長はない

いまのクリーニング業界は、クレームがこわくてチャレンジする前から「できない」と断《ことわ》ってしまう。それでは成長はできない。チャレンジしての失敗ならしかたがない。古《ふる》田《た》さんはそう考えます。

預《あず》かっているのはただの洗濯物《せんたくもの》じゃない

自分たちが預《あず》かっているのはたんなる洗濯《せんたく》物《もの》じゃない、思い出を託《たく》されている、と古《ふる》田《た》さん。どんな服にも持ち主の思い入れがあり、物語がつまっています。その思い出をともに育てていきたいと語ります。

「できない」って言いたくない

いまはできないけれど、なんとかする方法があるかもしれない。面倒《めんどう》なものをもってこられるんだから、それから逃《に》げて楽なものばかりやっていたら、自分たちの存在価《そんざいか》値《ち》がなくなると、古《ふる》田《た》さんは語ります。

作るのは、ともに歩む足

義《ぎ》肢《し》装《そう》具《ぐ》士《し》
臼井《うすい》二《ふ》美《み》男《お》

その男は、「義足《ぎそく》の仙人《せんにん》」とよばれている。
事故《じこ》や病気で足を失い絶望《ぜつぼう》の淵《ふち》に立った人々《ひとびと》にとって、
彼《かれ》のつくる義足《ぎそく》は、人生を前向きにする希望の道具だ。
友だちと走り回ってサッカーをしたい男の子、
メダルをねらうパラリンピックのアスリートたち、
ささやかな願いから大きな夢《ゆめ》まで
とことん向き合いささえ続ける、日本屈指《くっし》の義肢装具士《ぎしそうぐし》。
はじめて手がけた少女の義足《ぎそく》は、つかわれることなく返ってきた。

それが、男の義足《ぎそく》にかける思いを決定づけた。

ある日舞《ま》いこんだのは、きわめてむずかしい依頼《いらい》。

「義足《ぎそく》でハイヒールをはきたい！」

切なる願いは、かなえられるのか——。

✴ともに歩み、はく人を明るくする義足《ぎそく》

午前7時半。東京《とうきょう》都荒川《あらかわ》区の町を、ひとりの男性《だんせい》が足早に会社へ向かっています。つとめ先は、全国でも有数の規模《きぼ》を誇《ほこ》る義肢製作所《ぎしせいさくしょ》。まだだれもいない真っ暗な社内に電気をつけて回る男性《だんせい》は、この道33年の義肢装具士《ぎしそうぐし》、臼井二美男《うすいふみお》さんです。

「義肢装具士《ぎしそうぐし》」とは、病気や事故《じこ》などで手足を失ってしまった人に、人工の手足をつくる仕事です。中でも臼井《うすい》さんは、「義足《ぎそく》」とよばれる人工の足を専門《せんもん》につくってきました。

日本には、病気で足を切断《せつだん》した人や事故《じこ》やけがで足を失ってしまった人が、全国に6万人いるといわれています。

「ひとりでも多くの人に関わり、義足《ぎそく》をつくりたい」

臼井《うすい》さんは、会社の課長となったいまも現場《げんば》からはなれようとしません。たずさわる義足《ぎそく》づくりは年間400人分。ほかの義肢装具士《ぎしそうぐし》の3倍の量です。

臼井《うすい》さんは、いつも出社いちばん乗りをめざしています。会社の始業時間は9時

ですが、9時になると予約のお客さんがきはじめるため、なかなか作業時間を確保《かくほ》できません。始業前の時間は、臼井《うすい》さんの大切な作業時間なのです。

会社に到着《とうちゃく》。時間をおしんで更衣室《こういしつ》には行かず、かばんからとりだした作業着を着ると、腰《こし》に仕事道具を入れたウエストバッグをつけます。

チェックしたカレンダーは、義足《ぎそく》の調整にくる客の名前でびっしりです。

「今日はお客さんが多くて、あんまりつくってる時間はなさそうだな……」

それでも、これから1時間半は集中して仕事ができそうです。臼井《うすい》さんは、だれもいない作業場でひとり石膏《せっこう》を削《けず》りはじめました。

この日最初に訪《おとず》れたのは、ひとりの女性《じょせい》でした。

「急に歩きづらくなったんです」

義足《ぎそく》はつくったらおしまいではありません。体形の変化にあわせ、その後もなんどとなく調整をおこないます。義肢装具士《ぎしそうぐし》は、その後のメンテナンスでこそ、その力量が問われるのです。

「歩いたときにふみだす一歩が曲がりにくいんですよ」

右足を太もも部分から失っている彼女《かのじょ》。外した義足《ぎそく》には膝《ひざ》もついています。義足《ぎそく》は、切断《せつだん》した足の位置によって、いくつも種類があります(左ページ参照)。この女性《じょせい》の義足《ぎそく》は、太ももからはく「大腿義足《だいたいぎそく》」。膝関節《しつかんせつ》の役目をはたす「膝継手《ひざつぎて》」という部品がついていました。

臼井《うすい》さんは女性《じょせい》の義足《ぎそく》をもつと、上から力をかけ、膝継手《ひざつぎて》を曲げのばしして、慎重《しんちょう》に具合を確《たし》かめます。

「これは、足首の角度かもしれないよ」

そう言うと、義足《ぎそく》の足首部分の調整をはじめました。

「これでちょっと歩いてみて」

再《ふたた》び義足《ぎそく》をはいた女性《じょせい》は、廊下《ろうか》で歩きはじめます。臼井《うすい》さんは、そのとなりを歩幅《ほはば》をあわせていっしょに歩きながら、ようすを見ています。

「さっきよりも乗りこえが楽?」

「うん、楽です」

瞬時《しゅんじ》に不具合を調整する臼井《うすい》さんのその腕《うで》は、利用者からも絶大《ぜつだい》な信頼《しんらい》を集めて

■いろいろな義足《ぎそく》

義足《ぎそく》は、切断《せつだん》した足の位置によっていくつも種類があります。切断《せつだん》部分を入れる「ソケット」や、関節の役割《やくわり》をはたす「継手《つぎて》」など、切断《せつだん》部分を補《おぎな》う部品を組み合わせてつくられています。のこった足の部分が長いほど、力をうまく伝えられ、義足《ぎそく》をコントロールしやすくなります。

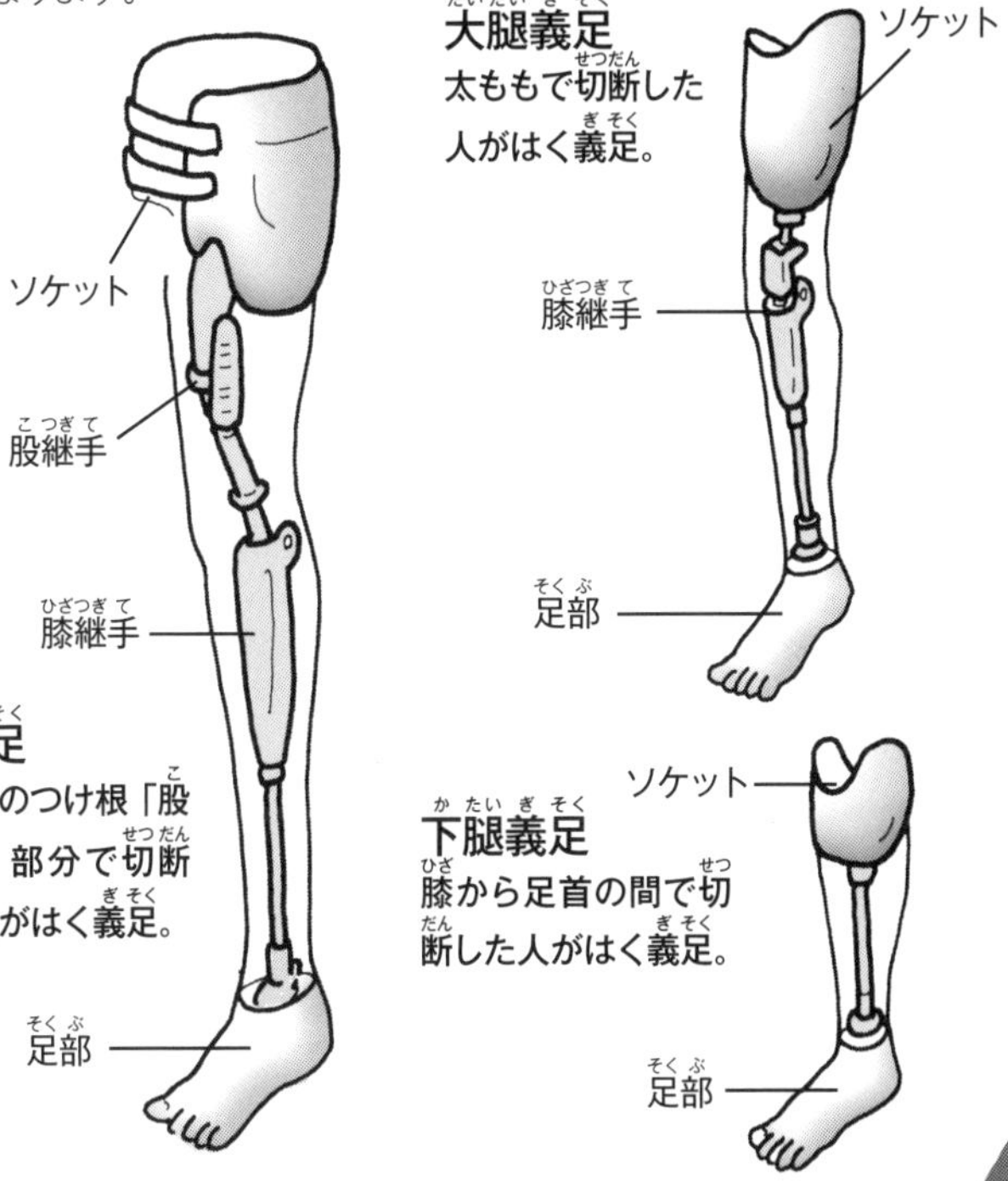

股義足《こぎそく》
太もものつけ根「股《こ》関節《かんせつ》」部分で切断《せつだん》した人がはく義足《ぎそく》。

大腿義足《だいたいぎそく》
太ももで切断《せつだん》した人がはく義足《ぎそく》。

下腿義足《かたいぎそく》
膝《ひざ》から足首の間で切《せつ》断《だん》した人がはく義足《ぎそく》。

そのほかにも、足首や足先で切断《せつだん》した人がはく義足《ぎそく》もあります。

います。

義足《ぎそく》は体に合えば断然《だんぜん》歩きやすくなりますが、臼井《うすい》さんは、たんに歩きやすさだけを考えているわけではありません。

ことばにならない期待に、こたえる

「義足《ぎそく》を利用する人、そしてその家族には、義足《ぎそく》にかける期待、望みが必ずある」

臼井《うすい》さんは、いつもそれを意識《いしき》しています。

「ことばにならなくても、そういう思いをもって訪《たず》ねてくる人がたくさんいる。それにはこたえなきゃいけない。それはこの仕事をになう者としての使命」

臼井《うすい》さんはそう胸《むね》にきざんで仕事をしているのです。

「ちょうどよかった。そろそろくるかなと思って」

臼井《うすい》さんが会社の玄関《げんかん》まででむかえたのは、ひとりの女性《じょせい》でした。やわらかなブラウスにスカート、バッグを斜《なな》めにかけ、右手にもったつえで体をささえています。

彼女《かのじょ》は12年前、左足にガンをわずらい、股関節《こかんせつ》から下を切断《せつだん》しました。スカートからのびた左足は、7年前に臼井《うすい》さんがつくった義足《ぎそく》です。

この日、女性《じょせい》はソケットのつくりかえの依頼《いらい》でやってきたのです。

ソケットは、体と密着《みっちゃく》するため、わずかな体形の変化にも影響《えいきょう》を受けるデリケートな部分です。はき心地に直結するこの部分の調整を、臼井《うすい》さんはとくに気にかけています。

彼女《かのじょ》の義足《ぎそく》は「股義足《こぎそく》」。義足《ぎそく》の中ではもっとも長いものです。ソケットは腰《こし》に装着《そうちゃく》します。義足《ぎそく》で立った女性《じょせい》を見て、臼井《うすい》さんはすぐに気がつきました。

「だいぶゆるくなったね」

体が以前よりひきしまり、ソケットと腰回《こしまわ》りとのあいだにすき間ができていたのです。

「はい。ここがぐらつくんです」

臼井《うすい》さんは、女性《じょせい》の体の型をとり直すことにしました。

義足《ぎそく》を外し、手すりにつかまって採型台《さいけいだい》に立った女性《じょせい》の腰回《こしまわ》りに、石膏《せっこう》のついた包帯を巻《ま》きつけていきます。

ふつう、義足《ぎそく》の型どりの際《さい》には、腰回《こしまわ》りや足の長さをメジャーなどで計測《けいそく》します。でも臼井《うすい》さんは採寸《さいすん》しません。長年つちかった目と手の感覚で、足の大きさや特徴《とくちょう》を的確《てきかく》につかむことができます。

「前よりだいぶ細くなったよね。ここ、骨《ほね》がはっきりしてる」

ソケットにふれることを感じる骨《ほね》が、以前よりはっきりしていると言うのです。

「臼井《うすい》さんは、手がける利用者の数年前の体の特徴《とくちょう》まで記憶《きおく》している」

義肢装具士《ぎしそうぐし》の仲間も感心する技《わざ》ですが、本人には、数字にたよりたくないという思いがあるのです。

「ここが何ミリで……っていうのは、つくる側のただのデータ。数字にたよっていると、自分にうそをついてるような、うそがつけちゃう気がするんだ。義足《ぎそく》が合わないのはあのとき数字をまちがえたからだとか、ちょっと位置をずらして寸法《すんぽう》とったからだとか、そういう話になってしまいそうな気がするんだ。でもつかう人はそんなの関係ない。快適《かいてき》で美しくて、はき心地がいい義足《ぎそく》。それを求めてるわけだから」

作るのは、ともに歩む足

臼井二美男《うすいふみお》

固まった包帯を腰《こし》から外し、型どりを終えて彼女《かのじょ》が着替《きが》えたあと、

「これ、かわいいね。飛行機?」

臼井《うすい》さんは、女性《じょせい》のスカートのがらを指さしました。うすくてやわらかな紺色《こんいろ》の生地にちりばめられていたのは、水玉かと思いきや、小さな無数の飛行機でした。

「ひっそり飛行機がらなんです」

気づいてもらい、うれしそうにする女性《じょせい》。

「そっか。いろんなところにこだわりってあるね」

臼井《うすい》さんは、何気ない雑談《ざつだん》から、何かを感じとったようでした。

女性《じょせい》が帰ったあと、臼井《うすい》さんはさっそくソケットづくりにとりかかりました。型どりした枠《わく》に石膏《せっこう》を流しこみ、固まったらとりだします。

「ウエストはぎゅっとしめて、ここはかなり削《けず》る感じ……」

そう言いながら、ていねいに石膏《せっこう》を削《けず》って型をつくっていきます。

(ブラウスとかスカートができるだけでっぱらないようにコンパクトにしよう)

そう思ったのは、女性《じょせい》との雑談《ざつだん》から、彼女《かのじょ》がスカートをはくことをことのほか楽

シルエットにひびかないよう、ソケットを限界《げんかい》まで削《けず》る。

しんでいると気づいたからです。

型にアクリル樹脂《じゅし》を巻《ま》きつけ、型にそうようにしっかりと密着《みっちゃく》させます。そうしてアクリルの型をはがしました。これがソケットになるのです。

スカートをはいたときに美しいシルエットが保《たも》てるよう、臼井《うすい》さんは、厚《あつ》みをなくすためにソケットを慎重《しんちょう》に削《けず》りはじめました。

義足《ぎそく》づくりでもっともだいじなことは、きちんと歩けるようにすることです。でも臼井《うすい》さんが大切にしているのは、それだけではありません。「何をしたらこの人は、いまよりも明るい感じ、晴れやかな感じになるかな」と、つねにそう考えているのです。

人生は、きっと豊《ゆた》かにできるはず

「まるで父ちゃんみたいだな」

臼井《うすい》さんは笑いながら、女性《じょせい》のソケットをぎりぎりの厚《あつ》みまで調整しました。

つくりはじめて1か月後、女性《じょせい》の義足《ぎそく》が完成しました。

今日は装着《そうちゃく》を確認《かくにん》する日。女性《じょせい》はその日も、お気に入りの飛行機がらのスカートでした。新しい義足《ぎそく》をつけた女性《じょせい》が、その上からスカートをはいて鏡の前に立ちました。

「サイズがフィットして、やわらかい素材《そざい》のスカートはいてもまったくひびかなくて、自然なラインでうれしいです！」

女性《じょせい》は、鏡の前でなんども体をひねっては、義足《ぎそく》の装着具合《そうちゃく》を確認《かくにん》します。それは、義足《ぎそく》のはき心地を確《たし》かめているというより、お店でスカートの試着をしているようにしか見えません。それほど義足《ぎそく》が違和感《いわかん》なく体になじんでいるのでしょう。

「自分の体に対しての愛も感じるようになって、よかったです！」

「これをはいて、飛行機に乗らなきゃね」

臼井《うすい》さんが声をかけました。

「そうですね！　ありがとうございます」

✳アスリートの義足《ぎそく》づくり

今日は月に一度の休日。臼井《うすい》さんは車である場所へ向かっていました。

そこは、臼井《うすい》さんが日本ではじめて立ち上げた、義足《ぎそく》の人のためのスポーツクラブです。

「どんなにあっけらかんとした人でも、体を欠損《けっそん》した苦悩《くのう》みたいなのは必ずもってる。それが生活の中でてできたり、一歩前へふみだせない理由になっていたりするから、義足《ぎそく》でできる可能性《かのうせい》を少しでも提案《ていあん》してあげたい」

そんな思いで、臼井《うすい》さんはこの場をつくったのです。

作るのは、ともに歩む足

臼井二美男《うすいふみお》

スポーツクラブで、義足《ぎそく》をはいて思いきり走る人たち。

「よーい、スタート！」

臼井《うすい》さんの号令でいっせいにトラックを走りだした人は、男も女もおとなも子どもも、みなそれぞれ義足《ぎそく》をはいています。

「この場にきてみると、『足切ったぐらいじゃ』って思うんです」と笑う男性《だんせい》がいます。

「『ああ自分、ふつうじゃん』と思える場所っていうか。悩《なや》んでいても、先輩《せんぱい》がこうしたらいいよって教えてくれるんで、大事な場所になっています」と話す女性《じょせい》もいます。

数えきれない人たちが、この場所で一歩をふみだすきっかけをつかみました。そのきっかけをくれた臼井《うすい》さんを、数人がとり囲んでいます。

「臼井《うすい》さんて、神だよね。義足《ぎそく》の神」

「仕事のウエストバッグ外してるの、見たことないもん」

そう言われると、

「最近バッグが1個増《ふ》えちゃったの」

と、臼井《うすい》さんはバッグから義足《ぎそく》づくりの工具をあれこれとりだして見せました。

「臼井《うすい》さん、結婚式《けっこんしき》でもこのバッグしてた。あははは」

このスポーツクラブから、障《しょう》がい者スポーツの国際《こくさい》大会「パラリンピック」の選手も数多く生まれています。


ある日、スポーツクラブに所属《しょぞく》する選手のひとりが臼井《うすい》さんを訪《たず》ねてきました。

「練習は？　やった？」

「今日はやってないです」

それがあいさつがわりの女性《じょせい》は、村上清加《むらかみさやか》さん。走り幅跳《はばと》びで、２０１６年に開かれたドバイの世界大会で3位を記録した国内屈指《くっし》のアスリートです。

リオ・パラリンピックの最終選考となる大会をひかえ、急きょソケットをつくりかえることにした村上《むらかみ》さん。今日は、その試作品ができていました。

「いい感じのきつさですね。ぬけないですよ」

さっそく右足を入れたソケットのはき心地に、村上《むらかみ》さんは大満足。

「足をふってみて」という臼井《うすい》さんの注文に、バーにつかまって、思いきり右足をけり上げます。

「いい感じいい感じ」

村上《むらかみ》さんは7年前、貧血《ひんけつ》で駅のホームから転落し、右足を切断《せつだん》しました。当初はショックのあまり、病室で泣き続けたといいます。

臼井《うすい》さんのパソコンには、村上《むらかみ》さんがはじめて臼井《うすい》さんを訪《たず》ねた頃《ころ》からの記録動画がのこっていました。

「これ清加《さやか》ちゃん。はじめて義足《ぎそく》をはいたとき」

動画には、白いジャージで義足《ぎそく》をつけた村上《むらかみ》さんが、軽快《けいかい》に横跳《よこと》びをしているようすが映《うつ》っていました。

事故《じこ》から半年後、村上《むらかみ》さんは義足《ぎそく》の第一人者である臼井《うすい》さんの存在《そんざい》を、インターネットで知り会いにきたのです。それから村上《むらかみ》さんは少しずつ変わっていきました。

「足がなくなって、はじめはいろんなことができなくなったって思っちゃった。でも、義足《ぎそく》をつくってもらってちょっとずつ歩けるようになったら、会社も行ってちゃんと働きたいって思ったし、好きなこととやりたいって思って陸上をやって、陸上やりだしたらやっぱり最高峰《さいこうほう》のパラリンピック行きたいって思って。どんどんどん目標とか夢《ゆめ》とか、数えきれないものをもらってる気がする」

広がっていく村上《むらかみ》さんの夢《ゆめ》を、臼井《うすい》さんはささえ続けています。

5日後。村上《むらかみ》さんは、完成した義足《ぎそく》を屋上でためすことにしました。臼井《うすい》さんの会社の屋上の床《ゆか》は、一部が陸上トラックと同じ素材《そざい》になっています。

村上《むらかみ》さんの義足《ぎそく》は、スポーツでつかう競技用義足《きょうぎようぎそく》です。一般的《いっぱんてき》な義足《ぎそく》は、人間の足に似《に》せてつくってありますが、競技用義足《きょうぎようぎそく》は「板ばね」とよばれる、曲げた板のようなものがついた特殊《とくしゅ》な形。素材《そざい》はカーボンで、軽くて反発力があり、地面と接《せっ》する部分には、しっかりと地面をつかめるようスパイクピンがついています。

村上《むらかみ》さんはその義足《ぎそく》をはいて、屋上の端《はし》から端《はし》まで走ってみました。そのようす

完成した競技用義足《きょうぎようぎそく》をためしてみる村上《むらかみ》さんと臼井《うすい》さん。

をじっと見つめる臼井《うすい》さん。

「いい感じ？　やっぱり3年つかったやつとちがう？」

「そうですね、はずむ感覚が」

「全体的な長さと角度はよいと思う」

村上《むらかみ》さんは、仕上がりに満足していました。

「とにかくならして、ジャパンパラで納得《なっとく》できる走りができればなと思います。パラリンピックの最終選考なんで、いまもってる力全部出しきらないと」

ジャパンパラ競技《きょうぎ》大会は、日本国内最高峰《さいこうほう》の障《しょう》がい者によるスポーツ競技《きょうぎ》大会です。

しばらくあと、新潟《にいがた》市で開催《かいさい》されたその年の大会会場に、臼井《うすい》さんの姿《すがた》がありました。

臼井《うすい》さんは可能《かのう》なかぎり選手についていくと決めています。腰《こし》にはいつもの仕事道具のつまったウエストバッグをつけていました。

「思いっきりやれよ」

村上《むらかみ》さんにそう声をかけると、つかずはなれず、そばにいるだけ。あれこれアドバイスをしたりはしませんでした。

「追い風」になりたい

臼井《うすい》さんは、選手たちの背中《せなか》をおす「追い風」のような存在《そんざい》でありたいと思っています。

「自分がいることで、気がついたらよい記録がでてた。そんな空気みたいな、風みたいな存在《そんざい》であるといいな」

臼井《うすい》さんはそう願いながら、最後の調整をおこなう村上《むらかみ》さんを見つめていました。

ついに、村上《むらかみ》さんの走り幅跳《はばと》びがはじまりました。臼井《うすい》さんがスタジアムで見守る中、村上《むらかみ》さんは軽快《けいかい》に助走して、ふみきりました。

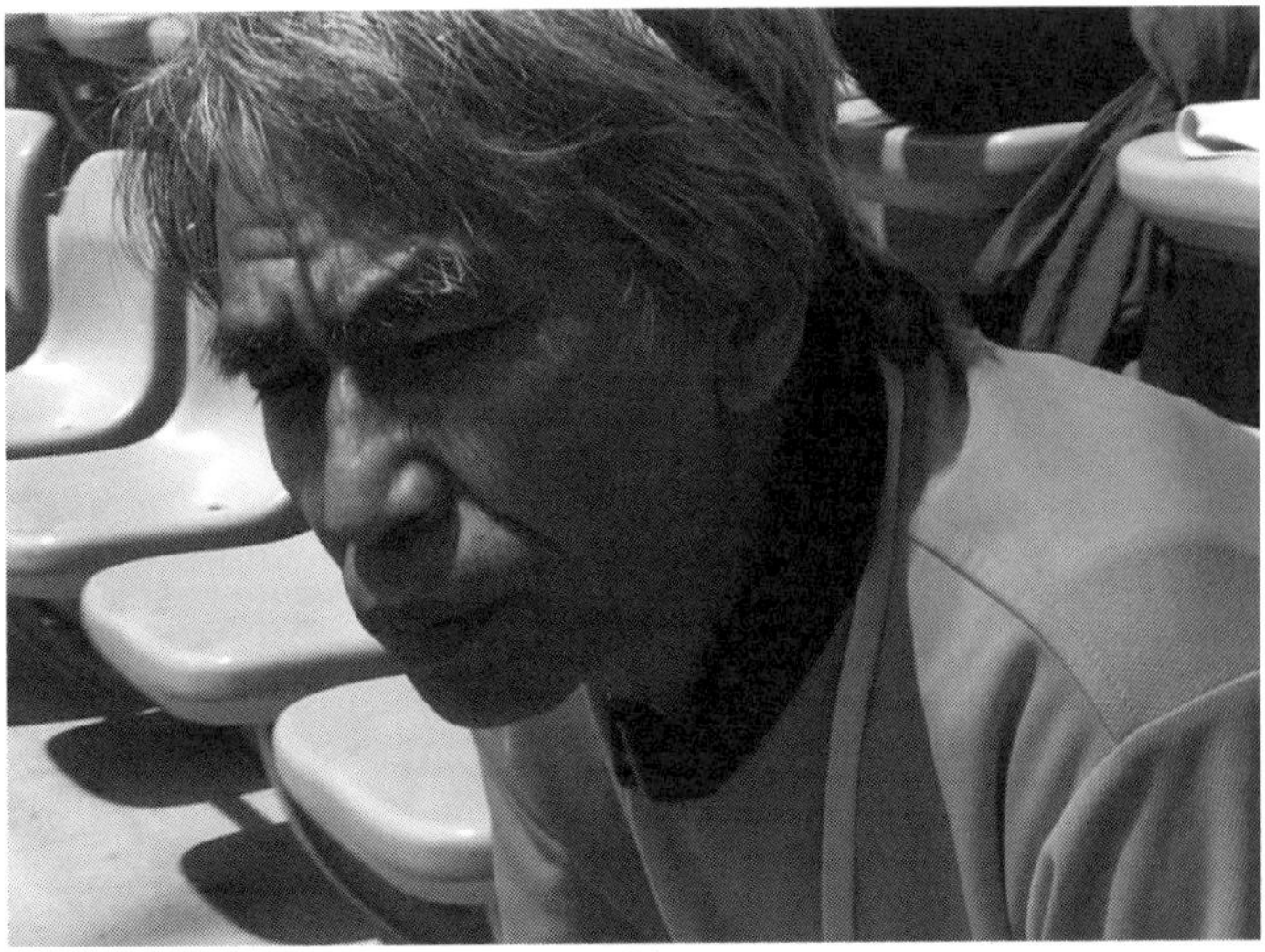

村上《むらかみ》さんを静かに、そして熱く見守る臼井《うすい》さん。

「3メートル36」

記録が発表されます。

「けっこういってるね。すごい」

臼井《うすい》さんの口元がゆるみます。それは、村上《むらかみ》さんの自己《じこ》ベスト・タイ記録でした。

跳躍《ちょうやく》は、全部で6回。

「清加《さやか》、最後だ。ラスト。がんばれ」

臼井《うすい》さんの声はとても小さくて、村上《むらかみ》さんが立つフィールドまで届《とど》くようなものではありません。

それでも、村上《むらかみ》さんの活躍《かつやく》を、強く強く願っていました。

「いけいけいけいけ」

地面をけっていく右足の義足《ぎそく》。そして、ジャンプ。

記録は3メートル25センチ。

「残念かなあ……。残念だ……」

村上《むらかみ》さんは、パラリンピックへの切符《きっぷ》を手に入れることはできませんでした。でも、競技《きょうぎ》を終えて臼井《うすい》さんに顔を見せた村上《むらかみ》さんの表情《ひょうじょう》は、すがすがしいものでした。

前を向いて歩く人がいるかぎり、臼井《うすい》さんは風となって、その背中《せなか》をおし続けるのです。

✴つかわれなかった義足《ぎそく》

臼井《うすい》さんは仕事帰りも、頭の中が義足《ぎそく》のことでいっぱいです。

駅の人混《ひとご》みを歩きながら見ているのは行きかう人々《ひとびと》の足。足元を観察しています。

(あの人、ハイヒールですごいかっこよく歩くな)

(海外の人の歩き方、やっぱり日本人とちょっとちがうな)

作るのは、ともに歩む足

臼井二美男《うすいふみお》

そして、見ているうちにいつも思うのです。

（ここに、歩くことで参加できない人がたくさんいるんだ。どんな歩き方でもいいから混《ま》じっていられる、そういう人を増《ふ》やしたい！）

こんなにも義足《ぎそく》づくりにのめりこむようになった臼井《うすい》さん。そのきっかけは、ある少女との出会いでした。

臼井《うすい》さんは、どうしようもない20代だったと、若《わか》い頃《ころ》をふりかえります。大学は、授業《じゅぎょう》がつまらないと中退《ちゅうたい》しました。「ふつうのサラリーマンはいやだ」と、いろいろ仕事をためしましたが、自分に合っている仕事は見つかりません。

もんもんとしながらアルバイトをする日々《ひび》でしたが、もうちょっと仕事を探《さが》してみようとハローワーク（職業安定所《しょくぎょうあんていじょ》）をのぞきました。そこで、「義肢《ぎし》科」という職業《しょくぎょう》訓練校があることを知ったのです。

最初は軽い気持ちでしたが、見習いとして製作所《せいさくしょ》で働きはじめると、「これだ！」と思いました。臼井《うすい》さんは少年時代、工作が大好きだったのです。

「義足《ぎそく》づくりって、工作と同じだ。創意工夫《そういくふう》するおもしろさがある。人間の体はつ

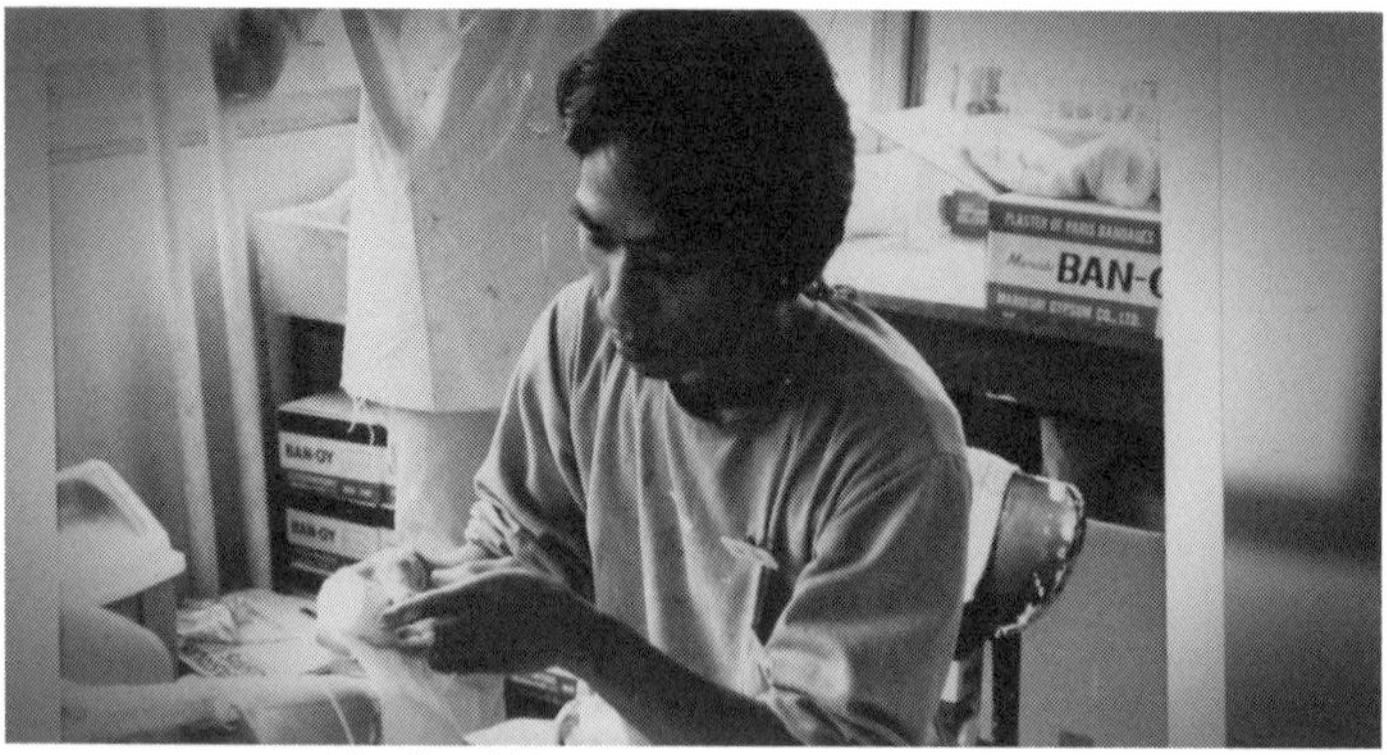

必死に勉強をした若《わか》い頃《ころ》の臼井《うすい》さん。

くれないけど、それにどこまで近づけるかみたいな、やりがいがある」

そう感じたのです。

型どりの方法。採寸《さいすん》のやり方。きれいな足の形をつくりだす技術《ぎじゅつ》。義足《ぎそく》づくりには、数多くの高度な技術《ぎじゅつ》を身につけなければなりません。臼井《うすい》さんは、来る日も来る日も、必死に学びました。

それは働きはじめて5年目、32歳《さい》のとき、ついに義足《ぎそく》づくりをひとりでまかされることになりました。担当《たんとう》したのは高校生の女の子。悪性《あくせい》腫瘍《しゅよう》で、左足を切断《せつだん》した女の子の義足《ぎそく》でした。

ところが、義足《ぎそく》をつくり終えて半年後、臼井《うすい》さんに1本の電話がかかってきました。女の子のお母さんからでした。

「娘《むすめ》の病気が治りません。残念ですが、義足《ぎそく》をひきとってください」

腫瘍《しゅよう》が転移《てんい》し、女の子は臼井《うすい》さんのつくった義足《ぎそく》をはくことなく、その後、息をひきとったのです。

新しい人生を歩みたくても、それがかなわなかった少女。返ってきたその義足《ぎそく》を手に、臼井《うすい》さんははじめて気がつきました。

（たったひとつの義足《ぎそく》でも、はく人からすれば、命に関わることなんだ。命をささえているものなんだ）

そして臼井《うすい》さんは心に決めたのです。

「この仕事で、いまを生きる人たちの力になりたい！」

そのために、自分のできることはただひとつ。

とことん、つき合う

臼井《うすい》さんは、今日もさまざまな人の義足《ぎそく》をつくります。

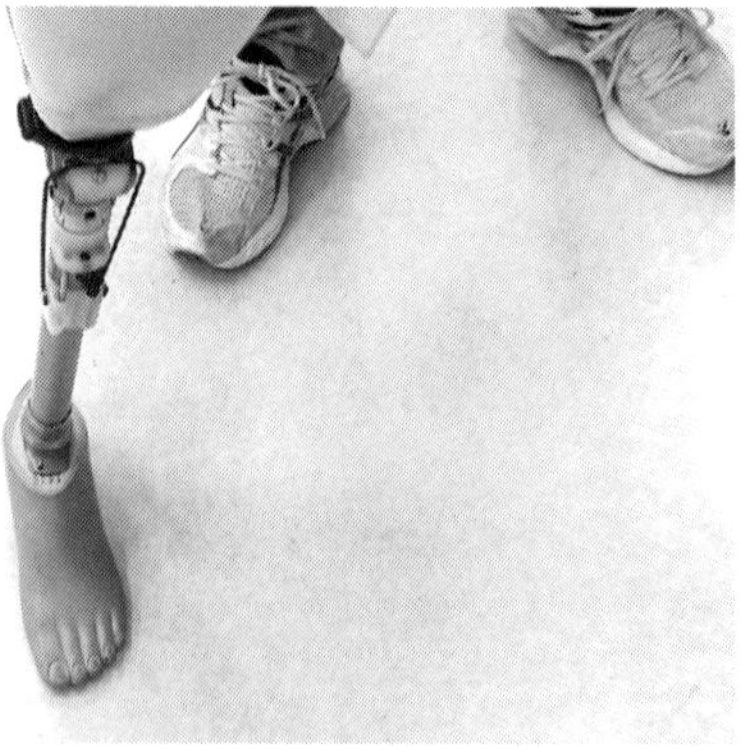

はじめてつくった義足《ぎそく》。少女の死が臼井《うすい》さんの原点となった。

サッカーが大好きな少年。右足を失いましたが、友だちと走り回りたいと願っています。ソケットを飾《かざ》る布《ぬの》選びに夢中《むちゅう》です。

「これがいい」

「それサッカーのだね。マンチェスター・ユナイテッドのマークじゃん」

ソケットは、名門サッカーチームのエンブレムで飾《かざ》りつけました。

ロンドンブーツでステージに立ちたいというミュージシャン。かかとが高いブーツでもはけるよう、義足《ぎそく》の足首が曲げられる部品に交換《こうかん》しました。

「これ、ばっちりですね。ロンドンブーツはけますね。ありがとうございます」

「じゃあまた、ライブ行きます」

33年前、偶然《ぐうぜん》出会った「人の足をつくる」という仕事。臼井《うすい》さんは、いつまでもこの仕事を続けたいと思っています。

そして手元には、あのときつかわれなかった義足《ぎそく》を、大切にもち続けています。

少女の無念さを、けっしてわすれないように。

✳ハイヒールを、もう一度

ある日、臼井《うすい》さんにむずかしい依頼《いらい》がありました。

依頼主《いらいぬし》は、3年前に事故《じこ》で両足を失った女性《じょせい》です。当初は、仕事もやめ、家にこもりがちの生活を送っていましたが、1年半前に臼井《うすい》さんの義足《ぎそく》と出会いました。以来、彼女《かのじょ》の生活は大きく変わりました。臼井《うすい》さんの義足《ぎそく》のおかげで活動範囲《はんい》が広がり、この春再就職《さいしゅうしょく》先が見つかったのです。

「最初は歩ければそれだけでいいと思っていたのが、歩けるようになると、あと何分、あとこれぐらい行けるようにと目標ができて。その目標を達成したら、また次の目標ができる」

事故《じこ》から3年。歩くこと、子育て、仕事と、少しずつ自分をとりもどしていました。そしていま、新しい目標を見つけたのです。

「臼井《うすい》さん、わたし、ハイヒールがはきたい！」

一般的《いっぱんてき》に、義足《ぎそく》の靴底《くつぞこ》は平らになっています。でもそれでは、はける靴《くつ》のデザインがかぎられてしまいます。

「スーツ着て、パンプスはいてぴしっとしたい。就活《しゅうかつ》のときも、上はぴしっとしたのだけど下はスニーカーで。そんなかっこうを鏡で見ると、テンション落ちちゃいます。足元が決まらないと全体も決まらない。わたし、おしゃれ好きなんで」

義足《ぎそく》でハイヒールをはくことは、ただでさえ難題《なんだい》です。さらに、彼女《かのじょ》の足の状態《じょうたい》がむずかしさを増《ま》していました。

いまはいている義足《ぎそく》も、300メートル歩いたら痛《いた》くなってしまいます。

「まだ300メートルだね、臼井《うすい》さん」

「そうそう。まだね」

彼女《かのじょ》の両足は、切断面《せつだんめん》がかなり傷《きず》ついているため、歩くたびにソケットにすれて、長く歩くと切断面《せつだんめん》に痛《いた》みが走るのです。

「足切って何年だ？　ハイヒール捨《す》てちゃった？」

「もうすぐ3年。捨《す》てちゃいましたよ。もうはかないと思って。ブーツとかも捨《す》てちゃった」

臼井《うすい》さんは、用意した7センチヒールの靴《くつ》を見せ、ためしにいまの義足《ぎそく》ではいてもらうことにしました。

女性《じょせい》がソケットに足を入れます。座《すわ》っていても、ひざ下の長さが格段《かくだん》に長くなったのがわかります。

「おっ、急に背《せ》が高くなるぞ。つえが必要？」

女性《じょせい》はそのまますっと立ち上がりました。

「わあっ変な感じ！」

そしてつえをつかずに、一歩一歩歩きはじめました。

「超《ちょう》歩きづらい！　あははは」

３年ぶりのハイヒールの感覚です。臼井《うすい》さんは女性《じょせい》につえをわたしますが、女性《じょせい》はすぐに手をはなし、鏡に向かって真っすぐ、すたすたと歩いていきます。

「女の人は貪欲《どんよく》だね。はこうとしちゃうもんなあ」

「おしゃれしたいですもん、ふふふ」

しかし、彼女《かのじょ》の足には、やはり負担《ふたん》が大きすぎたようです。

「痛《いた》い」

すぐにソケットをぬぎ、足をさすり続けます。

「左足がどうしても。なんともいえない痛《いた》みがでて……。説明できない」

彼女《かのじょ》の新しい目標のためにも、その期待にこたえたい。臼井《うすい》さんは遅《おそ》くまで残業して、解決法《かいけつほう》を探《さぐ》りました。

彼女《かのじょ》の足の状態《じょうたい》には、足をぴったりと密着《みっちゃく》させるため、ソケット内の空気をぬく装置《そうち》をつかうのがいちばんでした。痛《いた》みをやわらげるには、この装置《そうち》にたよるのが最善《さいぜん》の策《さく》です。けれど、その装置《そうち》はかかとの部分にまでおよびます。そのため、足

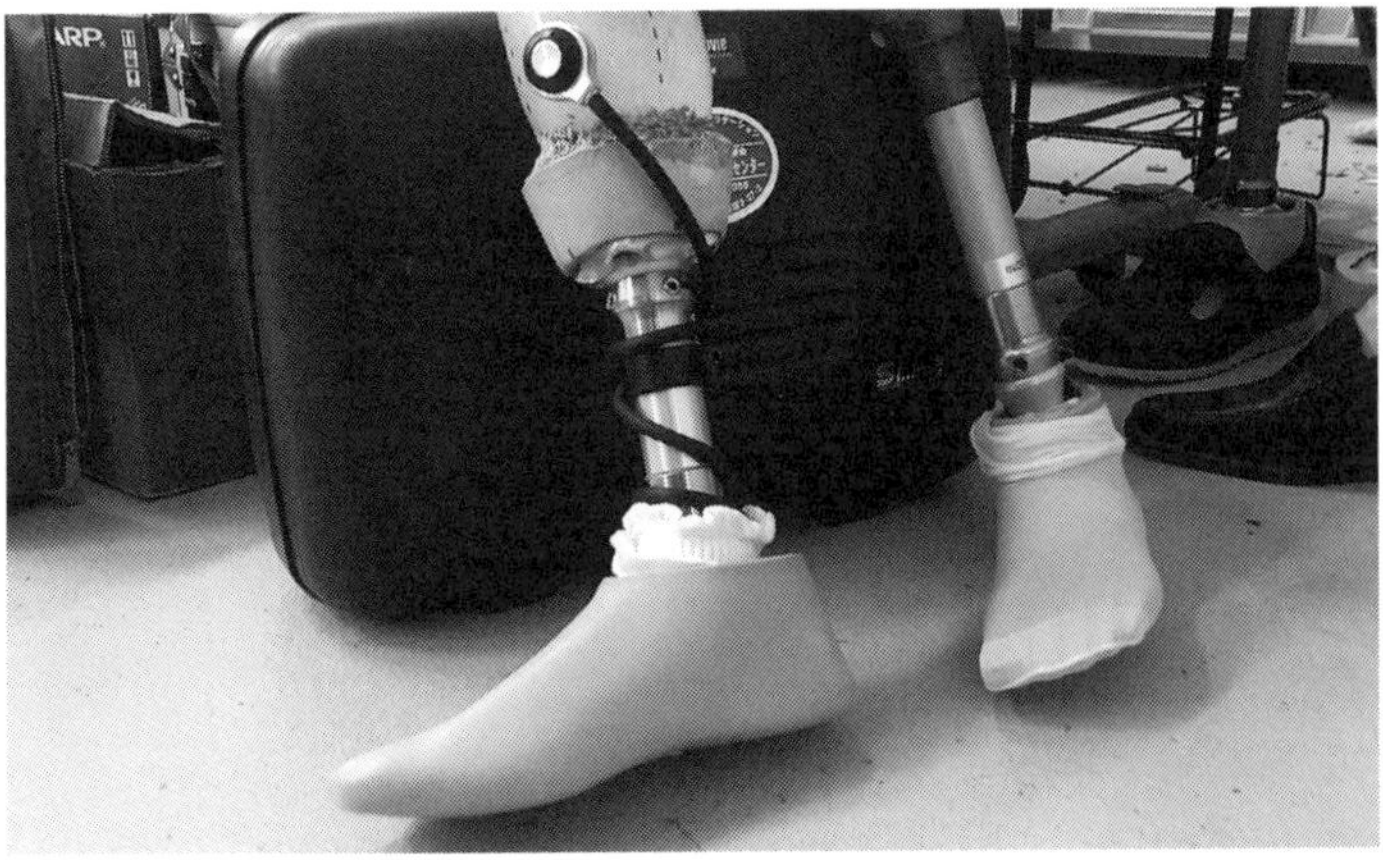
ソケット内の空気をぬく装置《そうち》がついた義足《ぎそく》。足首が固定される。

首は固定されたままになり、曲げることができません。それではハイヒールがはけないのです。

「秘策《ひさく》はないな……」

臼井《うすい》さんは頭をかきながら、思わずつぶやきました。でも、この難問《なんもん》を投げだそうとはけっしてしません。とことん向き合うつもりでした。

3日後。臼井《うすい》さんは、女性《じょせい》の足から型どりした石膏《せっこう》に向き合っていました。彼女《かのじょ》の足に合う、ハイヒールがはける義足《ぎそく》づくりに挑戦《ちょうせん》していたのです。

「足にピッタリ密着《みっちゃく》するよう、ソケットそ

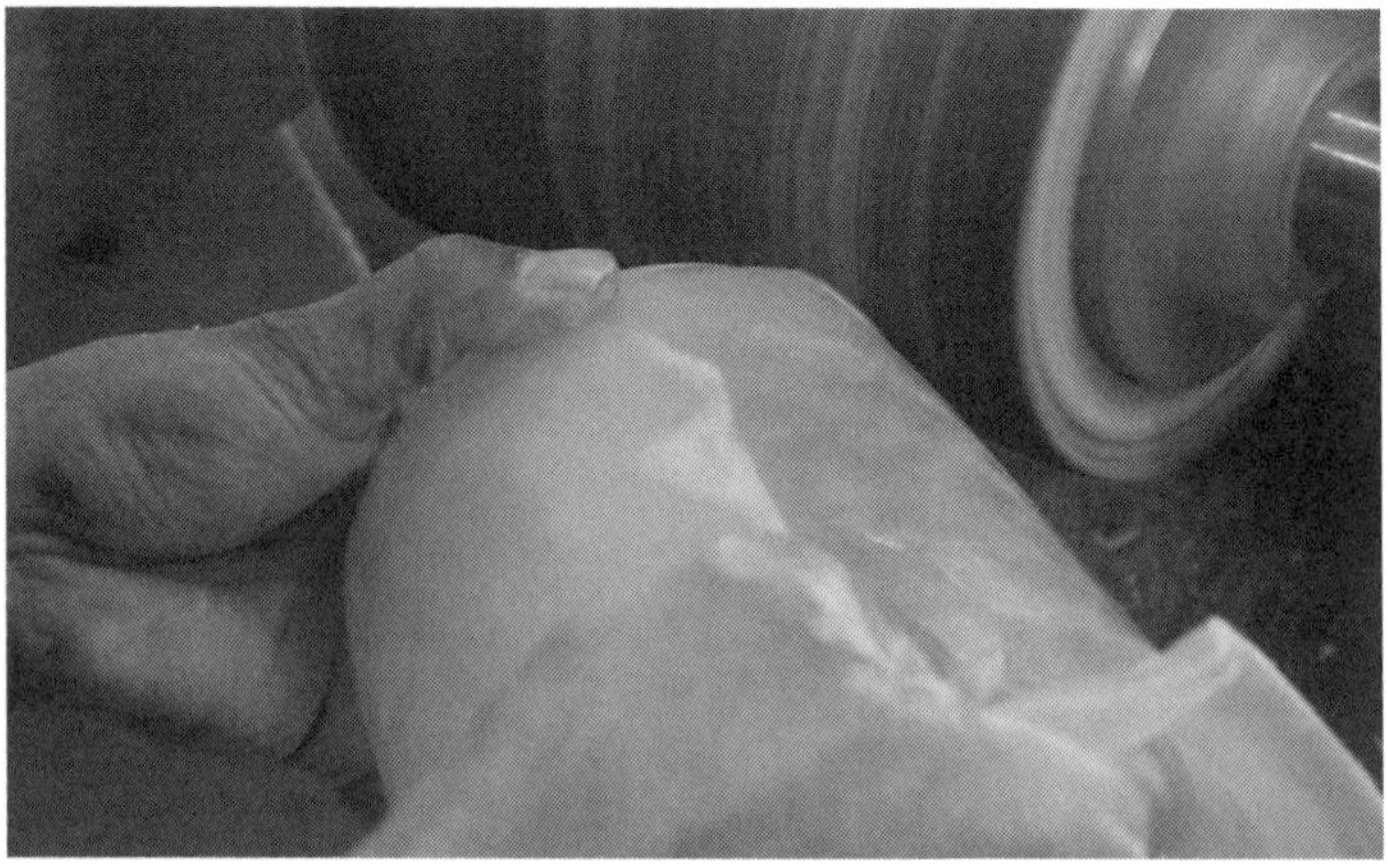

「ハイヒールで歩く」。その願いをかなえたい。そんな思いでひたすら作業する。

のものの精度《せいど》を極限《きょくげん》まで上げよう。そうすれば痛《いた》みがでないだろう」

彼女《かのじょ》の足の特徴《とくちょう》をイメージしながら、ソケットの型を削《けず》っていきます。骨《ほね》が当たって痛《いた》いところには石膏《せっこう》をもり、ごくわずかなふくらみをもたせます。そして、以前よりも筋肉《きんにく》が発達してきた足の裏側《うらがわ》には、少しゆとりをもたせることにしました。

作業には少しの妥協《だきょう》もゆるされません。「これくらいでいいや」と思ってしまったら、彼女《かのじょ》の期待をうらぎりかねないのです。

「約束するこわさはある。逃《に》げられなくなっていく。約束をはたせるかどうか、ときとしてできるかなって悩《なや》んじゃったり、不安になったりすることはある。それでも、試行錯誤《さくご》してやっていくしかないんだ」

1か月後。ついに新しい義足《ぎそく》ができ上がりました。まずは、底が平らな靴《くつ》でためし歩きをしてみます。

「なんだろう……。ソケットが痛《いた》い。きつい感じ」

女性《じょせい》の表情《ひょうじょう》がくもっています。やはり、完全には合っていないようです。

「痛《いた》いところはどこ？」

「ここ。ここが超痛《ちょういた》い」

骨《ほね》が当たらないようにゆとりをもたせた部分に、まだ痛《いた》みがあると言います。

臼井《うすい》さんは義足《ぎそく》をかかえて作業場へ急ぎました。女性《じょせい》が不具合を指摘《してき》した部分に熱を当て、形を微調整《びちょうせい》していきます。

「口でいくら、『いいものをつくります』と言っても、最後はものとして受け入れてもらわなかったら終わらない」

臼井《うすい》さんはそう思っていました。

修正《しゅうせい》したソケットに、女性《じょせい》はあらためて足を入れて歩きはじめました。

「腓骨《ひこつ》の先端《せんたん》。さっき痛《いた》いって言ってたけど」

臼井《うすい》さんは心配そうです。

「とりあえずは平気かな、いまは。うん」

なんとか、痛《いた》みがおさまりました。

「今日の今日じゃ、まだ完璧《かんぺき》にはならないけど。ようすを見ながら、ちょくちょく調整していく感じですね」

女性《じょせい》の顔にも、笑みが広がっています。

「まだ、65点かな。まだはじまったばかり。彼女《かのじょ》の義足《ぎそく》はまだはじまったばかりだから」

女性《じょせい》がハイヒールをはいてさっそうと歩ける日まで、臼井《うすい》さんはこれからもとことん向き合い続けていくのです。

プロフェッショナルとは

その人が求めてるものより、
いいものつくりたい気持ちになったり。
そのへんを考えると
自分との戦いみたいなのありますよね。

第303回2016年9月5日放送

こんなところがプロフェッショナル！

年間400人もの人の義足《ぎそく》づくりにたずさわる義肢装具士《ぎしそうぐし》、臼井二美男《うすいふみお》さん。こんなところがすごいよ！

瞬時《しゅんじ》に調整する義足《ぎそく》の仙人《せんにん》

その人の体にあわせた義足《ぎそく》づくりはもちろん、これまでの経験《けいけん》で瞬時《しゅんじ》に不具合を調整し、利用者からも絶《ぜつ》大《だい》な信頼《しんらい》を集めています。その技術力《ぎじゅつりょく》の高さから、義足《ぎそく》の仙人《せんにん》とよばれています。

義足《ぎそく》のデザインはいろいろ

切断《せつだん》した部分と密着《みっちゃく》するソケットにいちばん気をつかう臼井《うすい》さん。歩きやすさだけでなく、デザインの好みまで配慮《はいりょ》して義足《ぎそく》をつくります。

義足《ぎそく》をはく人が集まるクラブ

どんなに明るい人でも、体の一部を失ってしまった人には、必ず苦悩《くのう》がある。臼井《うすい》さんは、そんな人たちが一歩をふみだすきっかけになればと陸上クラブを創設《そうせつ》しました。このクラブで、数えきれない人たちが、人生の一歩をふみだすきっかけをつかんでいます。

「できない」とは言わない

つらい思いをしている人が目標をもったとき、「できない」とは言いたくないと言う臼井《うすい》さん。どんなにむずかしい注文でも、「できない」とは言いません。むずかしいと思っても、どうすればその願いをかなえさせられるかを考えます。実際《じっさい》に手を動かしてみると、思いも寄《よ》らないアイデアが浮《う》かんだり、ヒントが見つかったりするそうです。

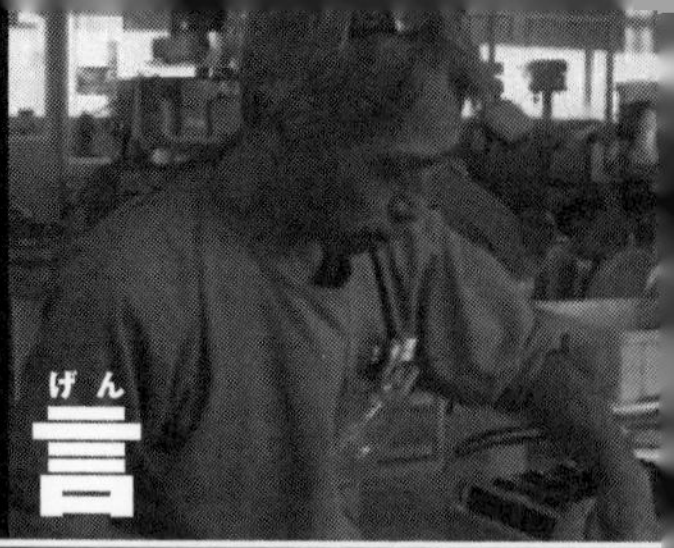

プロフェッショナルの格言《かくげん》

義足《ぎそく》の仙人《せんにん》、臼井二美男《うすいふみお》さんのことばを心にきざもう。

歩けるようになったその次に

臼井《うすい》さんの義足《ぎそく》づくりは、まずは歩けるようにしてあげること。その次は、何をすればその人が明るく、晴れやかになるかを考えることです。その人のできそうなことを想像《そうぞう》して提案《ていあん》してあげたいと言います。

喜んでくれる人が多いに越《こ》したことはない

たくさんの人の義足《ぎそく》づくりに関わりたいと言う臼井《うすい》さん。27人いる義肢装具士《ぎしそうぐし》をとりまとめる立場になっても、現場《げんば》にこだわります。喜んでくれる人は多いに越《こ》したことはないと、日々《ひび》夜まで作業しています。

いまを生きる人の力になりたい

最初につくった義足《ぎそく》は、依頼主《いらいぬし》の死によってつかわれずにもどってきました。無力な自分にショックを受けた臼井《うすい》さん。でも「いまを生きる人の力になろう。ぼくにできることは義足《ぎそく》づくりだ」と心に決めました。

NHK
プロフェッショナル
仕事の流儀

■執　筆　金田妙
■編集協力　株式会社 NHK出版
■デザイン・レイアウト　有限会社チャダル
■イラスト　門司美恵子
■協　力　日本空港テクノ株式会社、株式会社レジュイール
公益財団法人鉄道弘済会義肢装具サポートセンター
■写真協力　小山自動車、日本空港テクノ株式会社
■校　正　田川多美恵
■編　集　株式会社アルバ

■カバーイラスト　usi

NHK プロフェッショナル 仕事の流儀 1
革新をもとめるプロフェッショナル

発　行　2018年4月　第1刷

編　者　NHK「プロフェッショナル」制作班

発行者　長谷川 均
編　集　崎山貴弘
発行所　株式会社ポプラ社
〒160-8565　東京都新宿区大京町 22-1
振　替：00140-3-149271
電　話：03-3357-2212（営業）
03-3357-2635（編集）

ホームページ　www.poplar.co.jp
印刷・製本　中央精版印刷株式会社

N.D.C.916/191 P /20cm　ISBN 978-4-591-15757-2
Printed in Japan